Fingers in the nose !

Les mots du corps

ANGLAIS

- Grammaire anglaise
- Conjugaison anglaise
- Vocabulaire anglais
- Les faux amis
- Mots croisés en anglais

ALLEMAND

- Conjugaison et déclinaisons allemandes

FRANÇAIS

- Conjugaison française
- Orthographe
- Dictées

ESPAGNOL

- Grammaire espagnole
- Vocabulaire espagnol

ITALIEN

- Conjugaison italienne

Fingers in the nose !

Les mots du corps

par

Philippe Marcheteau

Licencié d'anglais
Diplômé de l'Institut d'études politiques de Paris

© 2009, Éditions Pocket, département d'Univers Poche.

ISBN : 978-2-266-19685-7

Sommaire

Introduction

Non, « les doigts dans le nez » ne se dit pas *fingers in the nose*, mais *hands down*. Mais en anglais comme en français, les expressions ayant trait au corps humain sont innombrables. Certains éléments, comme la main, l'œil ou les yeux, le pied, la tête sont particulièrement productifs.

Le volume de cet ouvrage ne permet pas d'être exhaustif, mais l'auteur a voulu donner une liste aussi complète que possible d'expressions usuelles, et en priorité de celles qui posent un problème de traduction. Le résultat est déjà impressionnant, avec plus de 2000 expressions de l'anglais vers le français et du français vers l'anglais.

La grande majorité de ces expressions sont très courantes dans la langue de tous les jours et offrent donc un moyen rapide et efficace de développer le caractère idiomatique de votre anglais sans vous « prendre la tête ».

Table de prononciation • LPT = Langues pour tous

anglais **LPT** **A.P.I.** (Association de phonétique internationale)

VOYELLES BRÈVES

city	[siti]	['sɪtɪ]	son *i* de *mini*, plus bref	[i]	[ɪ]
cat	[kat]	[kæt]	son *a* de *patte*, plus bref	[a]	[æ]
not	[not]	[nɒt]	son *o* de *note*, plus bref	[o]	[ɒ]
book	[bouk]	[bʊk]	son *ou* de *pou*, plus bref	[ou]	[ʊ]
bread	[brèd]	[bred]	son de *fève*	[è]	[ɛ]
cup	[kœp]	[kʌp]	son entre *a* et *eu* de *neuf*	[œ]	[ʌ]
attend	[etènd]	[ə'tend]	son *e* de *le*, très atténué	[e]	[ə]

VOYELLES LONGUES

meat	[mi:t]	[mi:t]	son *i* de *mie*, plus long	[i]	[i:]
fast	[fa:st]	[fa:st]	son de *âme*, plus long	[a:]	[a:]
horse	[ho:s]	[hɔːʳs]*	son *o* de *gorge*	[o:]	[ɔ:]
food	[fou:d]	[fu:d]	son *ou* de *moue*, plus long	[ou:]	[u:]
work	[weu:k]	[wɜ:k]	son *eu* de *peur*, plus long	[eu]	[ɜ:] ou [ə:]

SEMI-VOYELLE

due	[diou:]	[dju:]	son *iou* comme dans *pioupiou*	[iou:]	[j]

SONS DOUBLES (DIPHTONGUES)

cry	[kraï]	[krai]	comme dans *aïe !* ou *aille*	[aï]	[ai]
great	[gréït]	[greit]	comme dans *oseille*	[éï]	[eı]
boy	[boï]	[bɔɪ]	comme dans *oyez !*	[oï]	[ɔɪ]
town	[ta-oun]	[taʊn]	comme dans *caoutchouc*	[a-ou]	[aʊ]
roll	[re-oul]	[rəʊl]	son *e* glissant sur *ou*	[e-ou]	[əʊ]
beer	[bi-eʳ]*	[bɪəʳ]	son *i* glissant sur *e*	[i-e]	[ɪə]
poor	[pou-eʳ]*	[pʊəʳ]	*ou* glissant sur *e*	[ou-e]	[ʊə]
bear	[bè-eʳ]	[bəaʳ]	*è* glissant sur *e*	[è-e]	[eə]

CONSONNES

that	[żat]	[ðæt]	le **th** un peu comme un *z* « zézayé »	[ż]	[ð]
thin	[śin]	[θɪn]	*s* avec le bout de la langue entre les dents	[ś]	[θ]
she	[chi:]	[ʃi:]	le **sh** se prononce *ch*	[ch]	[ʃ]
bring	[briṅ]	[brɪŋ]	*ing* se prononce comme *ing* dans **ping**-pong	[ṅ]	[ŋ]
measure	[mèjeʳ]*	['meʒəʳ]	avec le *j* de *jeu*	[j]	[ʒ]
help	[hèlp]	[help]	le *h* est prononcé et « expiré »	[h]	[h]

* Remarque : le petit ʳ indique que le *r*, normalement muet, est prononcé en liaison ou en américain.

ANGLAIS-FRANÇAIS

ankle : *cheville*

> **to be ankle-deep in** : *être jusqu'aux chevilles dans* • *en avoir jusqu'aux chevilles*
> **to sprain one's ankle** : *se fouler la cheville*
> **to twist[1] one's ankle** : *se tordre la cheville*

arm : *bras*

> **arms akimbo** : *les poings sur les hanches*
> **arm-twisting** : *coercitif* • *forçant à*
> **at arm's length** : 1. *à bout de bras* 2. (jur.) *indépendant (l'un de l'autre)* • *loyal* • *à distance*
> **in the arms of Morpheus** : *dans les bras de Morphée (dormir)*
> **right arm** : *bras droit*
> **to give an arm and a leg** : *donner n'importe quoi pour*
> **to have a long arm** : *avoir le bras long (de l'influence)*
> **to strong-arm** : *faire violence* • *forcer la main à*
> **to twist s.o.'s arm** : 1. *tordre le bras à qqn* 2. *forcer la main*
> **with open arms** : *bras ouverts (accueillir, …)*

ass (US) **/ arse** (GB) : *derrière / cul*

> **asshole/arsehole** : *trou du cul* • *enfoiré*
> **get off your arse** : *remue-toi le cul*
> **kiss my arse** : *va te faire foutre / enculer*
> **my arse!** : *mon cul!*
> **pain in the arse** : *douleur dans le cul* • *emmerdeur* • *casse-couilles*
> **silly arse!** : *pauvre con!* • *bougre de connard!*

---

1. **to twist** : *tourner, tordre, visser, dévisser*

to arse about : *déconner* • *faire le con* • *jouer au con*
to get one's arse kicked : *se faire botter le cul*
to tear[1] the arse out of sth : *chier dans la colle*
to think the sun shines out of one's arse[2] : *ne pas se prendre pour de la merde*
to work one's ass off : *se crever le cul (à)*
you can stick it up your arse : *tu peux te le mettre dans le cul*

B

back : *dos*

a pain in the back : *douleur dans le dos* • *ennui(s)*
back to front : *sens devant derrière*
back-breaking : *(qui) casse le dos* • *difficile* • *fatigant*
back-to-back : *dos à dos* • *adossés* • *à la suite* • *l'un(e) après l'autre*
behind s.o.'s back : *dans le dos de qqn* • *en secret* • *à l'insu de*
the straw that breaks the camel's back[3] : *la goutte qui fait déborder le vase*
to get off s.o.'s back : *laisser tranquille* • *ficher la paix*
to know a place like the back of one's hand : *connaître un endroit comme le fond de sa poche*
to put one's back into sth : *se mettre énergiquement à qqch*
to put s.o.'s back up : *mettre qqn en colère*
to see the back of : *être débarrassé de*
to turn one's back on s.o. : *tourner le dos à qqn* • *abandonner*
with one's back to the wall : *(avoir) le dos au mur*

balls : *couilles*

balls : *merde!*
balls to you! : *je t'emmerde!*
ballsy : *culotté* • *qui a des couilles* • *qui ne manque pas d'air*
balls-up : **1.** *bordel, merdier, boxon* **2.** *plantage*

---

1. **to tear, tore, torn** : *déchirer, arracher*
2. mot à mot : *penser que le soleil brille à partir de son cul*
3. mot à mot : *la paille qui casse le dos du chameau*

to balls up (GB), **to ball up** (US) : *saboter* • *bousiller*

to chew s.o.'s balls off : *engueuler qqn*

to have got a lot of balls : *ne pas manquer d'air, de culot*

to have got s.o. by the balls : *tenir qqn par les / aux couilles*

to have one's balls in the right place : *en avoir* • *avoir des couilles*

to have s.o.'s balls : *avoir la peau de qqn*

to make a real balls(-up) of sth : 1. *saloper un boulot*
   2. *foutre la merde, le merdier*

to work one's balls off : *se crever le cul* • *se défoncer le cul*

what a load of balls! : *quel tas de conneries!*

beard : *barbe*

to beard[1] **the lion in his den** : *affronter la colère de qqn*

to grow a beard : *(se) faire / laisser pousser la barbe*

belly : *ventre / estomac*

belly button : *nombril*

belly dance / belly dancer : *danseuse du ventre*

belly landing : *atterrissage ventral, sur le ventre*

(to go) belly up : *faire faillite*

belly laugh : *énorme rire*

his / her eyes are bigger than his / her belly : *(avoir) les yeux plus grands que le ventre*

blood : *sang*

bad blood : *désaccord*

blood count : *numération globulaire*

blood curdling : *à vous tourner les sangs* • *qui vous glace le sang*

blood is thicker than water : *nous sommes unis par la force du sang*

blood will tell : *bon sang ne peut / ne saurait mentir*

bloodbath : *bain de sang*

bloodshed : *effusion de sang*

---

1. **to beard** : *affronter, braver*

bloodshot : (œil) *injecté de sang*

bloodthirsty : *affamé de sang* • *sanguinaire*

blue blood : *sang royal* • *illustre*

his/her blood is up : *il/elle est furieux(se)*

his/her blood ran cold : *cela lui glace le sang*

in cold blood : *de sang-froid*

it's like trying to get blood out of a stone[1] : *c'est comme parler à un mur*

my blood was boiling : *cela m'a fait bouillir* • *cela me rendait furieux*

new blood : *sang neuf*

the ties of blood : *les liens du sang*

there is blood on his hands : *il a du sang sur les mains*

there will be blood on your head : *vous l'aurez sur la conscience*

to be out for blood : *chercher à se venger*

to take a blood sample : *faire une prise de sang*

body : *corps*

a strong body of evidence : *des preuves parlantes*

able-bodied : *costaud* • *de forte corpulence*

an inquisitive old body : *un vieux/une vieille curieux(se)* • *indiscret(ète)*

body and soul : *corps et âme*

body blow : *coup au corps*

body language : *langage du corps* • *expression gestuelle*

body-building : *culturisme*

bodyguard : *garde du corps*

busybody : *mouche du coche*

corporate body : *personne morale*

in a body/in one's body : *dans le corps de*

legislative body : *le corps législatif* • *l'Assemblée*

over my dead body : *à mon corps défendant* • *(me) passer sur le corps*

to keep body and soul[2] **together** : *réussir à subsister*

---

1. mot à mot : *c'est comme essayer d'obtenir du sang à partir d'une pierre*
2. **soul** : *âme*

bone : *os*

bone of contention : *sujet de dispute*
bonehead : *idiot(e)* • *crétin(e)* • *tête de bois*
chilled to the bone : *glacé jusqu'aux os*
frozen to the bone : *gelé jusqu'aux os*
he/she's nothing but skin and bones : *il/elle est maigre comme un clou* • *il/elle n'a que la peau sur les os*
to have a bone to pick with : *avoir maille à partir avec qqn*
to make no bones about : *ne pas hésiter à faire qqch* • *y aller carrément*
to make old bones : *faire de vieux os*
wishbone : *fourchette* • *bréchet*

breast : *poitrine*

breast-feeding : *allaitement*
to make a clean breast of : *tout avouer*

brow : *sourcil/arcade sourcillière*

by the sweat of his/her/your brow : *à la sueur de son front*
high-brow/highbrow : *intellectuel* • *grosse tête*
low-brow : *peu développé intellectuellement* • *terre à terre*
to browbeat : *intimider* • *rudoyer (qqn)*
to knit[1] one's brow : *froncer les sourcils*

C

cheek : *joue*

cheek by jowl (with) : *côte à côte* • *tout près (de)*
cheek to cheek : *joue contre joue*
cheeky : *effronté* • *insolent*
none of your cheek! : *ne le prenez pas sur ce ton!*
to have the cheek to : *avoir l'audace de* • *avoir l'impudence de*
to turn the other cheek : *tendre l'autre joue*
tongue in cheek : *ironiquement* • *en plaisantant*

---

1. **to knit** : *tricoter*

chest : *poitrine*

> **to get sth off one's chest** : *dire ce que l'on a sur le cœur*

chin : *menton*

> **double chin** : *double menton*
> **keep your chin up** : *tenir bon* • *tenir le coup*
> **to take it on the chin** : *encaisser (un coup)*

D

dick : *pénis / queue*

> **dick** : *crétin* • *andouille, gland*
> **dickhead** : *tête de nœud*
> **to dick** : *copuler* • *baiser*
> **to dick around** : *faire l'andouille, déconner*

E

ear : *oreille*

> **dog-eared** : *écorné*
> **earpiece** : *écouteur*
> **earplug** : *bouchon d'oreille*
> **earshot (within, out of)** : *à portée d'oreille*
> **earwax** : *cérumen*
> **hearsay** : *bouche à bouche*
> **s.o.'s ears are burning** : *qqn a les oreilles qui tintent*
> **to be all ears** : *écouter (attentivement)*
> **to be head over ears in debt**[1] : *être endetté jusqu'au cou*
> **to be out on one's ear** : *se faire virer (pour mauvais comportement)*
> **to be up to one's ears in** : *être jusqu'aux oreilles dans*
> **to be wet behind the ears**[2] : *manquer d'expérience* • *être un bleu*
> **to bend s.o.'s ear** : *accaparer l'attention de qqn* • *raconter sa vie à qqn*

---

1. **debt** (prononcer [det]) : *dette*
2. mot à mot : *être humide derrière les oreilles*

to close one's ears to : *refuser d'entendre • se boucher les oreilles • faire la sourde oreille*

to earmark : 1. *marquer* (pages) 2. *affecter* (budget)

to fall on deaf ears : *tomber dans l'oreille d'un sourd*

to go in (at) one ear and out (at) the other : *entrer par une oreille et sortir par l'autre*

to have (gain) s.o.'s ear : *avoir (gagner) l'oreille de qqn*

to have an ear for : *avoir du talent pour qqch*

to keep one's ear to the ground : *se tenir à l'écoute*

to lend an ear : *prêter l'oreille à*

to make a pig's ear of : *faire qqch maladroitement*

to play it by ear : 1. *jouer d'oreille* (musique) 2. *aller au hasard, au pifomètre*

to prick up one's ear(s) : *tendre / dresser l'oreille*

to send s.o. off with a flea in his / her ear : *renvoyer qqn avec un refus catégorique • envoyer se faire voir*

to set by the ears : *semer la zizanie*

to smile from ear to ear : *sourire d'une oreille à l'autre*

to turn a deaf ear to : *faire la sourde oreille* (à)

walls have ears : *les murs ont des oreilles*

elbow : *coude*

at one's elbow : (*être*) *aux côtés de qqn*

tennis elbow : *tennis elbow*

to elbow one's way : *jouer des coudes • se frayer un chemin*

to give s.o. the elbow : *donner le bras à qqn*

eye : *œil*

(to see) with half an eye : *évident • qui saute aux yeux*

in a pig's eye! (US) : *jamais de la vie • mon œil!*

a bird's-eye view : *vue d'ensemble • vue générale • vue d'avion*

an eye for an eye : *œil pour œil*

eye tooth : *canine* (supérieure)

eye-opener : *qui ouvre les yeux • révélation*

eyesore : *qui blesse la vue • désagréable • horreur* (visuelle)

eye-wash : *collyre • liquide pour les yeux*

eye-witness : *témoin oculaire*

in the eyes : *dans les yeux de* • *aux yeux de*

my eye! : *mon œil!*

one in the eye! : *et vlan!* • *c'est ce qu'il / elle mérite* • *bien fait pour lui / elle*

that's all eyewash : *tout ça, c'est du boniment, des sornettes / de la poudre aux yeux*

to eye : *regarder* • *observer*

to have a good eye for : *avoir l'œil pour* • *avoir du flair pour*

to have an eye to : *avoir à l'œil*

to have eyes in the back of one's head : *avoir des yeux derrière la tête* • *avoir les yeux d'Argus*

to keep an eye on : *garder l'œil sur* • *surveiller*

to keep an eye out for : *essayer de repérer* • *rester attentif*

to keep one's eye open / peeled / skinned for : *avoir l'œil (les yeux) ouvert(s)*

to make eyes at : *faire de l'œil à qqn*

to only have eyes for : *n'avoir d'yeux que pour* • *regarder intensément*

to see eye to eye : *voir les choses du même œil*

to take one's eye off sth / s.o. : *détacher ses yeux de qqch, qqn*

to turn a blind eye to : *fermer les yeux sur*

under one's very eyes : *sous les yeux de qqn*

up to the eyes / one's eyes in : *(être) dans qqch jusqu'aux yeux, par-dessus la tête*

with one's eyes open : *les yeux ouverts* • *en connaissance de cause*

F

face : *visage*

a face like thunder : *un regard noir* (de colère)

at face-value : *à sa valeur nominale*

face to face : *face à face*

faceless : *sans visage*

facelift : 1. *lifting* 2. *ravalement*

face-off : *confrontation, face-à-face* (hostile)

his / her face fell : *son visage s'est allongé / assombri*

in the face of : *face à qqch* • *devant qqch*

off the face of the earth (**to vanish**) : *(disparaître) de la face de la terre / du globe*

on the face of it : *à première vue* • *vu les apparences*

poker-faced : *impassible* • *sans montrer d'émotion*

to face the music : *faire face* • *braver la tempête, l'orage*

facelift : *lifting* • *chirurgie esthétique, restauration*

to have egg on one's face : *avoir l'air ridicule*

to have the face to do sth : *avoir l'audace de faire qqch*

to keep a straight face : *garder son sérieux*

to look in the face : *regarder en face, dans les yeux*

to lose face : *perdre la face*

to make / pull (a) face(s) : *faire des grimaces*

to pull a long face : *faire la grimace*

to put a good / bold / brave face on : *faire contre mauvaise fortune bon cœur*

to save face : *sauver la face*

to set one's face against : *s'opposer résolument à qqch*

to slap in the face : *gifler, donner une claque*

to s.o.'s face : *à la face de qqn*

written all over his / her face : *écrit sur tout son visage* • *(se voit) comme le nez au milieu de la figure*

finger : *doigt*

finger alphabet : *alphabet des sourds-muets*

finger of bread : *mouillette*

fingering : *maniement* • *doigté*

finger mark : *empreinte de doigt (sale)*

fingernail : *ongle*

fingerprint : *empreinte digitale*

fingertip : *bout du doigt*

her / his fingers are all thumbs : *il / elle est terriblement maladroit(e)*

little finger : *petit doigt*

middle finger : *majeur*

money runs through his / her fingers (like water) : *l'argent lui fond dans les mains, lui brûle les doigts*

ring finger : *annulaire*

to be all fingers and thumbs : *être horriblement maladroit*

to burn one's fingers : *se brûler les doigts*

to finger : *toucher • tâter*

to get / pull one's finger out : *se dépêcher • se grouiller • se remuer • se décarcasser*

to give s.o. the finger : *faire un bras d'honneur à qqn*

to have a finger in every pie : *être mêlé à tout • avoir des intérêts partout*

to have butter fingers : *être maladroit • ne rien pouvoir tenir dans sa main • avoir deux mains gauches*

to have green fingers : *avoir la main verte*

to have sth at one's fingertips : *connaître qqch sur le bout des doigts • avoir qqch à portée de la main*

to have / get one's fingers out : *se décarcasser*

to keep one's fingers crossed : *toucher du bois*

to lay a finger on : *mettre le doigt sur*

to lift a finger (in order to help) : *lever le petit doigt (pour aider)*

to point one's finger at s.o. : *pointer qqn du doigt*

to put one's finger on sth (GB) : *mettre le doigt sur qqch*

to put two fingers up at s.o. (US) : *faire un bras d'honneur à qqn*

to twist / wind s.o. round one's little finger : *mener par le bout du nez*

to work one's finger to the bone : *s'épuiser au travail • s'user à la tâche*

fist : *poing*

fist-fight : *combat • bagarre*

fisticuffs : *coups de poings*

fistful : *poignée*

ham-fisted : *maladroit, gauche*

hand over fist (to make money…) : *faire des affaires en or*

to be tight-fisted : *être radin, avare, pingre*

to shake one's fist at s.o. : *menacer qqn du poing*

foot : *pied*

afoot : *en préparation • en projet*

foot passengers : *voyageur / passager à pied*

foot soldier : *fantassin*

footing : *position • équilibre*

footloose : *personne libre, indépendante*

footman : *valet de pied*

footmark : *empreinte*

footnote : *note de bas de page*

footprint : *empreinte de pas*

footsore : *qui a mal au(x) pied(s)*

footwear : *chaussures*

footwork : *jeu de jambes*

he didn't put a foot wrong : *il n'a fait aucune erreur*

my foot ! : *mon œil !*

on foot : *à pied • en marchant*

one foot : *30,48 cm*

the foot of the page : *bas de page*

to be dying on one's feet : *être complètement épuisé, à plat*

to be on one's feet : *se tenir debout*

to die with one's boots on : *mourir debout*

to be on a footing / on the same footing : *être au même niveau, sur un pied d'égalité*

to foot it : *marcher • aller à pied*

to foot the bill : *régler la note • payer l'addition*

to gain a footing : *s'assurer une place • se faire une position • prendre pied*

to get off on the right / wrong foot : *partir du bon / mauvais pied*

to get under s.o.'s feet : *être / se mettre dans les jambes de qqn*

to get / gain a foothold : *prendre pied*

to get / rise on / to one's feet : *se mettre debout*

to have (got) one foot in the grave : *avoir un pied dans la tombe*

to put one's best foot forward : *avancer rapidement, à bonne allure • pousser la besogne, travailler intensément*

to put one's foot down : *1. accélérer* **2.** *faire acte d'autorité*

to put one's foot in it/in one's mouth : *faire une gaffe, mettre les pieds dans le plat*

to put one's foot in the door : *mettre le pied dans la porte*

to put s.o. back on his/her feet : *remettre qqn sur pied • rétablir qqn*

to put s.o. on his/her feet again : *rétablir qqn*

to set foot on : *mettre pied sur, quelque part*

to shoot oneself in the foot : *se contredire • affaiblir sa propre position*

under foot : *sous les pieds*

under s.o.'s feet : *dans les jambes de qqn*

with feet of clay : *aux pieds d'argile*

H

hair : *cheveu / poil*

a hair-breadth escape : *échapper d'un fil • s'en tirer tout juste*

hair-raising : *terrifiant • à faire dresser les cheveux sur la tête*

keep your hair on! (GB) : *gardez votre sang-froid !*

to get in s.o.'s hair : *taper sur les nerfs / sur le système de qqn*

to let one's hair down : *se décontracter • se détendre • se laisser aller*

to make s.o.'s hair stand on end : *à faire dresser les cheveux sur la tête*

to split hairs : *couper les cheveux en quatre*

to win by a hair : *gagner d'un cheveu*

try a/the hair of the dog (that bit you) : *reprends un petit coup pour faire passer ta cuite*

hand : *main*

a farm-hand : *un ouvrier agricole*

a hand-out : **1.** *prospectus* **2.** *subvention* **3.** *aumône*

at hand (money) : *avoir de l'argent devant soi*

by hand : *fait à la main*

hand in hand : *la main dans la main*

handbag : *sac à main*

handful : *poignée*

hands off! : *bas les pattes!* • *on ne touche pas!*

hands up! : *hauts les mains!* • *les mains en l'air!*

handshake : *poignée de main*

handwriting : *écriture*

in hand : *en main*

lost with all hands : *perdu corps et biens*

on the one hand… / on the other hand : *d'une part…. / d'autre part*

the matter in hand : *l'affaire / la chose en question, dont il s'agit*

to ask for s.o.'s hand : *demander la main de qqn*

to be a good hand at : *être bon à, avoir du talent pour*

to be a great hand at : *être adroit à qqch, avoir du talent pour qqch*

to be an old hand : *être un « pro », avoir de l'expérience*

to be hand in glove with : *être de mèche avec, s'entendre comme larrons en foire avec*

to eat out of s.o.'s hand : *manger dans la main de qqn*

to get one's hand in : *se faire la main*

to get out of hand : *échapper à tout contrôle, devenir incontrôlable*

to get the upper hand : *prendre le dessus*

to give one's hand : *donner la main / sa main*

to hand : *sous la main, disponible*

to have a good hand : *avoir une bonne main* (cartes), *avoir du jeu*

to have a hand in : *être pour qqch (dans une affaire), tremper dans qqch*

to have one's hands full : *avoir fort à faire, beaucoup de travail (sur les bras)*

to have one's hands tied : *avoir les mains liées* • *être lié par ses engagements*

to have time on one's hands : *avoir du temps libre*
to have / gain the upper hand : *prendre le dessus*
to lend / give a hand : *aider, donner un coup de main*
to live from hand to mouth : *vivre au jour le jour*
to set one's hand to the plough : *mettre la main à la charrue* •
  se mettre à l'œuvre
to take a hand in : *prendre part à* • *participer*
to write a good hand (handwriting) : *avoir une belle écriture*

head : *tête*

… a head / per head : *par tête*
ahead : *devant* • *en avant*
don't worry / bother your head about it : *ne vous tracassez pas
  à ce sujet*
from head to foot : *de la tête aux pieds* • *des pieds à la tête*
head count : *compte, décompte des personnes présentes /
  concernées*
head down : *tête baissée* • *tête basse*
head first / foremost / on : *la tête la première*
head of state : *chef d'État*
head post-office : *poste principale*
headache : *mal de tête*
header : **1.** (football) (*faire une*) *tête* **2.** *plongeon*
headgear : *coiffe* (*chapeau, casquette, casque*)
head-hunter : *chasseur de tête*
heading : *en-tête, titre*
headlong : *la tête la première* • *tête baissée*
headman : *chef de tribu*
headmaster / headmistress : (*école*) *directeur / trice, proviseur*
headphones : *écouteurs*
headquarter(s) : *quartier général* • *siège de société*
headrest : *appuie-tête*
headroom : *hauteur limite* (*de plafond*, etc.)
heads or tails : *pile ou face*
headset : *écouteurs* • *casque*
headshrinker : *psychologue* • *psychiatre*

headstrong : *impétueux • entêté*

head waiter : *maître d'hôtel*

headwind : *vent debout • vent contraire*

heady : *grisant • capiteux*

I can't make head or tail[1] of it : *je n'y comprends rien / goutte*

it has gone to his / her head : *ça lui est monté à la tête*

it's been running in my head for days : *ça me trotte dans la tête depuis des jours*

on your head be it! : *à vos risques et périls*

success has gone to his / her head : *le succès lui est monté à la tête*

to be head over ears in (debt) : *être endetté jusqu'au cou*

to be off one's head : *avoir perdu la tête*

to be talking off the top of one's head : *dire n'importe quoi • parler sans savoir*

to behead : *décapiter*

to bring to a head : *précipiter • faire aboutir (une affaire)*

to come to a head : *devenir critique • mûrir • aboutir*

to enter s.o.'s head (it did not / never entered his / her head that) : *venir à l'esprit (ça ne lui est jamais venu à l'esprit que)*

to fall head over heels in love : *tomber éperdument amoureux*

to get it out of one's head : *chasser qqch de son esprit • se sortir qqch de la tête*

to get sth into one's head : *se mettre qqch en tête*

to give s.o. his / her head : *lâcher la bride à qqn*

to go above / over s.o.'s head : *passer par-dessus qqn*

to go head over heels : *tomber à la renverse • faire la culbute*

to hang one's head : *baisser la tête*

to have / put one's head in the sand : *pratiquer la politique de l'autruche*

to have a good head : *s'y entendre à qqch • avoir le sens de qqch (affaires, etc.)*

to have a good head for (figures, etc.) : *être doué pour (les maths, etc.)*

---

1. mot à mot : *tête ou queue*, cf. *pile ou face* (**heads or tails**)

to have a head start : *avoir de l'avance au départ* • *être avantagé dès le départ*

to have a weak / soft head : *être un peu demeuré*

to have got one's head screwed on (well) : *avoir la tête sur les épaules*

to have one's head in the clouds : *avoir la tête dans les nuages*

to have one's head up one's ass : *marcher à côté de ses pompes*

to head : *diriger* • *être à la tête de*

to head for / to be heading for : *se diriger vers*

to keep one's head above water : *garder la tête hors de l'eau*

to keep / lose one's head : *garder son sang-froid / perdre la tête*

to make headway : *progresser, avancer*

to need sth like a hole in the head : *avoir besoin de qqch comme de la peste*

to shout one's head off : *crier à perdre haleine*

to stand head and shoulders above : *dominer de la tête et des épaules*

to stand on one's head : *se tenir sur sa tête* • *faire le poirier*

to take a header : **1**. *faire un plongeon, piquer une tête* **2**. *tomber la tête la première*

to take it into one's head to : *se mettre en tête de*

to talk one's head off : *parler sans cesse* • *ne pas arrêter de parler*

to turn head over heels : *culbuter*

two heads are better than one : *deux avis valent mieux qu'un*

under the head of : *sous la rubrique, le chapitre*

we put our heads together : *nous avons réfléchi ensemble* • *nous nous y sommes tous mis*

what's going on in his / her head? : *que se passe-t-il dans sa tête?*

heart : *cœur*

a change of heart : *changement d'avis, d'opinion*

after one's own heart : *selon le cœur de qqn* • *à son goût*

at heart : *au fond, à l'intérieur (de soi-même)*

broken heart : *cœur brisé*

by heart : (*savoir*) *par cœur*

cross my heart! : *croix de bois, croix de fer*

heart attack/failure : *attaque cardiaque • infarctus • crise cardiaque*

heart burn/trouble : *aigreurs • brûlures d'estomac*

heart condition : *maladie cardiaque*

heart disease/complaint : *problème cardiaque • maladie de cœur*

heartache : *chagrin, peine de cœur*

heartbreaking : *à fendre l'âme • accablant, déchirant*

heartburn : *brûlures d'estomac*

heartburning : *irritation • dépit • jalousie*

heartless : *sans cœur • insensible • sans pitié*

heart's desire : *plus cher désir • ce qu'on désire le plus au monde*

heart-to-heart : *cœur à cœur*

hearty : *cordial • sincère • qui vient du cœur*

his/her heart is in the right place : *il/elle a du cœur • son cœur ne le(a) trompe pas*

in one's heart of hearts : *au plus profond de son cœur*

in the heart of winter : *au cœur de l'hiver*

it cuts me to the heart : *cela me fend le cœur*

it did my heart good to : *cela me réchauffe le cœur*

my heart is not in it : *mon cœur n'y est pas*

my heart stood still/sank : *mon cœur s'est arrêté de battre*

sweetheart : *amour • bien-aimé(e) • chéri/e*

the heart of the matter : *le cœur du problème*

the way to a man's heart is through his stomach : *c'est en flattant son estomac que l'on conquiert le cœur d'un homme*

to be close to/near one's heart : *être proche de qqn, cher à qqn*

to be in good heart : *être de bonne humeur, bien disposé*

to be of good heart : *avoir bon courage*

to be sick at heart : *avoir la mort dans l'âme*

to break s.o.'s heart : *briser le cœur de qqn*

to eat one's heart out : *se ronger d'inquiétude*

to have a heart of gold : *avoir un cœur d'or*

to have a heart of stone : *avoir un cœur de pierre*

to have a light/heavy heart : *avoir le cœur léger, joyeux/lourd*

to have one's heart in one's mouth : *avoir le cœur serré, être angoissé*

(not) to have the heart to do sth : *ne pas avoir le cœur de faire qqch*

to lose heart : *perdre courage • se décourager*

to one's heart content : *à cœur joie, à souhait*

to put new heart into s.o. : *donner du cœur à qqn • réconforter • encourager*

to put one's heart into (one's work, etc.**)** : *mettre tout son cœur / son énergie à faire qqch • faire avec zèle*

to put / set s.o.'s heart at rest : *tranquilliser, calmer qqn*

to set one's heart on : *prendre à cœur • vouloir qqch*

to strike at the heart of : *frapper au cœur de*

to take heart (from…) : *tirer un réconfort de*

to take sth to heart : *prendre qqch à cœur*

to wear one's heart on one's sleeve[1] : *agir et parler à cœur ouvert, être expansif • manquer de réserve*

with all my heart : *de tout mon cœur*

heel : *talon*

Achilles' heel : *talon d'Achille*

close on his / her heels : *sur les talons de qqn*

down at heel : *(soulier) éculé • (personne) miteux • d'apparence misérable*

to be hard / hot on s.o.'s heels : *être sur les talons de qqn*

to be on / at s.o.'s heels : *être aux trousses de qqn*

to bring s.o. to heel : *mater qqn • mettre au pas • (chien) faire venir au pied*

to come to heel : *obéir • se soumettre*

to dig one's heels in : *se braquer • résister fortement*

to go head over heels : *faire la culbute*

to kick (up) one's heels : *faire le pied de grue, poireauter*

to lay s.o. by the heels : *arrêter qqn • coffrer qqn*

to let s.o. to cool his / her heels : *faire poireauter*

to show a clean pair of heels : *échapper à qqn • s'échapper*

---

1. mot à mot : *porter son cœur sur sa manche*

to take to one's heels : *prendre ses jambes à son cou*
to tread on s.o.'s heels : *suivre qqn de près, emboîter le pas à qqn*
to turn on one's heels : *tourner les talons • faire demi-tour*
under the heel of : *sous la botte, le joug de*

hip : *hanche*

hip flask : *flacon • flasque de poche*
hip pocket : *poche-revolver*
to be hip : *être à la mode, dans le vent*
to break one's hip : *(se) casser la hanche / le col du fémur*

J

jaw : *mâchoire*

(to snatch s.o. from) the jaws of death : *(arracher qqn aux) mâchoires / bras de la mort*
his / her jaw dropped : *il / elle est resté / e bouche bée*
jawboning (US) : *pressions gouvernementales*
jaw-breaker : *mot difficile à prononcer, à vous décrocher la mâchoire*
the jaws of hell : *mâchoires / portes de l'enfer*
to break s.o.'s jaw : *casser la mâchoire / la gueule à qqn*
to have a good old jaw : *tailler une bonne bavette*

jowl : *joue, bajoue*

cheek by jowl : *côte à côte • au coude à coude*

K

knee : *genou*

a knee-jerk liberal / conservative : *un(e) libéral(e) / conservateur(trice) convaincu(e), fanatique, primaire*
he / she thinks he / she is the bee's knees : *se prendre pour le meilleur*
knee jerk : *réflexe rotulien*

kneecap : *rotule*

knee-deep / knee-high : *jusqu'aux genoux*

knee-high to a grass-hopper[1] : *haut comme trois pommes*

kneepad : *genouillère*

on bended knees : *à genoux*

to be knee deep in... (US) : *être dans qqch jusqu'au cou*

to be out at the knees (GB) : *être usé aux genoux*

to be weak at the knees : *avoir du mou dans les genoux* • *montrer de la faiblesse*

to be / go down on one's knees : *être / se mettre à genoux* • *s'agenouiller*

to bend the knee to s.o. : *mettre le genou en / à terre devant qqn, s'agenouiller devant qqn*

to bring s.o. to his / her knees : *soumettre qqn*

to bring the country to its knees : *mettre le pays à genoux* • *le forcer à capituler*

to have gone at the knees : *être troué aux genoux*

to learn sth at one's mother's knees : *apprendre qqch auprès de sa mère, dès son enfance*

to put a child over one's knees : *donner une fessée à un enfant*

L

leg : *jambe, patte*

break a leg! : *Bonne chance !*

first leg, second leg : *match aller, match retour*

leggy : *avec de longues jambes* • *dégingandé(e)*

legroom : *place, espace pour les jambes*

legwork : *travail sur le terrain*

not to have a leg to stand on : **1.** *ne pouvoir s'appuyer sur rien ; avoir perdu tout appui* • *être dans une position intenable* **2.** *n'avoir aucun argument valable*

to be on one's last legs : *tirer vers sa fin* • *ne plus en avoir pour longtemps* • *être aux abois, à bout de ressources*

---

1. **grass-hopper** : *sauterelle*

to give s.o. a leg up : **1.** *faire la courte échelle à qqn* • *aider qqn à monter en selle* **2.** *donner un coup de main*

to leg it : *(ancien) marcher* • *s'échapper*

to pull s.o.'s leg : *faire marcher qqn* • *se payer la tête de qqn*

to shake a leg : *danser* • *gigoter*

to show a leg : *quitter son lit, se lever*

to take to one's legs : *prendre ses jambes à son cou*

lip : *lèvre*

lip-salve : *baume pour les lèvres*

lipstick : *rouge à lèvres*

none of your lip ! : *ne me répond pas sur ce ton-là ! assez !*

read my lips ! : *regardez mes lèvres* • *écoutez ce que je dis !*

tight-lipped : *les lèvres serrés*

to bite one's lips : *se mordre les lèvres*

to keep a stiff upper lip[1] : *rester impassible* • *ne pas se laisser abattre* • *faire contre mauvaise fortune bon cœur*

to lip-read : *lire sur les lèvres*

to pay lip service to : *se payer de mots* • *rendre un hommage peu sincère*

lung : *poumon*

at the top of one's lungs : *à plein poumons* • *à tue tête*

to have lung power : *(chanteur/se) avoir du coffre*

M

mouth : *bouche*

big-mouthed : *fort en gueule*

by word of mouth : *de bouche à oreille*

don't put words into my mouth : *ne parlez pas à ma place*

from the horse's mouth : *de la bouche du cheval*

it makes my mouth water : *ça me met l'eau à la bouche* • *ça me fait venir l'eau à la bouche*

---

1. mot à mot : *garder une lèvre supérieure rigide*

mouth of a river : *embouchure d'une rivière, d'un fleuve*

mouth to mouth : *bouche à bouche*

mouthful : *bouchée*

mouth-organ : *harmonica*

mouthpiece : *protège-dents*

to be taken by mouth : *à prendre par voie orale*

to be a big mouth : *être une grande gueule*

to be all mouth : *se payer de mots*

to be down in the mouth : *être déprimé, malheureux, triste*

to give s.o. a mouthful : *traiter qqn de tous les noms* • *engueuler qqn, en dire de toutes les couleurs à qqn*

to have a big mouth : *avoir une grande gueule*

to have one's heart in one's mouth : *être frappé de terreur*

to keep one's mouth shut : *ne pas ouvrir la bouche* • *rester silencieux* • *ne rien dire*

to laugh on the wrong side of one's mouth : *rire jaune*

to live from hand to mouth : *vivre au jour le jour, dans la précarité*

to mouth [mauð] : **1.** *dire silencieusement, faire semblant de prononcer* **2.** *dire du bout des lèvres*

to mouth of : *parler à tort et à travers*

to put one's foot in one's mouth : *parler à contretemps* • *faire une gaffe*

to shut / close / stop s.o.'s mouth : *faire taire qqn*

to take the words out of s.o.'s mouth : *ôter à qqn les mots de la bouche*

you don't look a gift horse in the mouth : *à cheval donné on ne regarde pas les dents / la bride* (= *on ne critique pas ce qui est offert / donné*)

muscle : *muscle*

prononcer [mʌsl]

to flex one's muscles : *faire jouer, bander ses muscles*

to muscle in : *s'imposer, intervenir par la force, la menace*

to muscle one's way : *se frayer un chemin par la force*

N

nail : *ongle* (signifie aussi *clou*)

a/another nail in his/her coffin[1] : *encore un coup dur pour lui/elle*

as hard/tough as nails : 1. *coriace* 2. *impitoyable*

cash on the nail : *rubis sur l'ongle*

to fight tooth and nail : *se battre bec et ongle*

neck : *cou*

at breakneck speed : *à fond de train • à tombeau ouvert*

I didn't want to have him/her round my neck : *je ne veux pas l'avoir sur le dos/dans les pattes*

in our neck of the woods : *dans notre coin • par chez nous*

necking : *flirt • pelotage*

necklace : *collier*

to be running neck and neck : *être au coude à coude*

to be up to one's neck in … : *être jusqu'au cou dans*

to beak one's neck : *se rompre le cou*

to get it in the neck : *en prendre pour son compte/son grade • dérouiller*

to neck : *flirter • se peloter*

to risk one's neck : *risquer sa peau*

to save one's neck : *sauver sa peau*

to stick one's neck out : *se mouiller • s'avancer • prendre des risques*

to throw s.o. out neck and crop : *jeter dehors • virer*

to twist one's neck : *se faire/attraper un torticolis*

to win by a neck : *gagner d'une tête, d'une encolure, d'un rien, d'un cheveu*

up to one's neck : *jusqu'au cou*

nose : *nez*

hard-nosed : *déterminé • ferme • réaliste*

---

1. mot à mot : *un nouveau clou dans son cercueil*

nosebleed : *saignement de nez*

nosedive : **1.** *piqué* **2.** *chute libre*

nosegay : *bouquet*

nosebag (**horse**) : *mangeoire • musette*

on the nose : *pile • pile poil*

on the nose : (heure) *précise, pétante, pile*

right on the nose : *dans le mille*

right under your nose : *juste sous votre nez*

that put his nose out of the joint : *ça l'a dépité(e), rendu(e) jaloux(se) • lui a volé la vedette*

to be nosy / nosey : *qui fourre son nez partout • fouinard • envieux*

to be under s.o.'s nose : *être sous le nez de qqn*

to blow one's nose : *se moucher*

to cut off one's nose to spite one's face[1] : *scier la branche sur laquelle on est assis*

follow your nose : *c'est facile à trouver*

to follow one's nose : *suivre son nez, son instinct*

to get up s.o.'s nose : *irriter qqn • taper sur le système de qqn*

to have a good nose (**for**) : *avoir du flair (pour) • avoir le nez fin • avoir du nez*

to have a nose job : *se faire refaire le nez*

to have a runny nose : *avoir le nez qui coule*

to keep one's nose clean : *garder les mains propres • se tenir à carreaux*

to keep one's nose to the grindstone : *travailler sans relâche • avoir la tête dans le guidon*

to lead s.o. by the nose : *mener qqn par le bout du nez*

to look down one's nose at s.o. / sth : *regarder qqn / qqch de haut*

to nose about : *fouiner • fureter • fourrer son nez partout*

to nose / nose out : *flairer • dénicher*

to pay through the nose : *payer les yeux de la tête, la peau des fesses • payer une somme astronomique • se faire avoir*

to poke / stick one's nose into sth : *mettre son nez dans qqch*

---

1. mot à mot : *se couper le nez pour contrarier son visage*

to rub[1] s.o.'s nose in the dirt : *mettre qqn en face de ses erreurs, le nez dans le caca, rappeler à qqn ses échecs*

to speak through the / one's nose : *parler du nez*

to turn up one's nose : *faire le dégoûté*

to win by a nose : *gagner d'une tête, d'un rien, d'un cheveu*

under your very nose : *sous votre nez*

P

piss : *urine / pisse*

a piece of piss : *(c'est) du gâteau, du nougat*

cat's piss : *pipi de chat*

it isn't waiting to piss : *il pleut comme vache qui pisse*

pissed : *soûl*

pisser : **1.** *pénis* **2.** *chose chiante* **3.** *pluie / averse violente* **4.** *truc génial*

piss-head : *chieur*

to be full of piss and wind : *raconter des salades • parler pour ne rien dire*

to be pissed as a fart / a newt : *être bourré, soûl comme un coing, pété*

to be pissed off : **1.** *être en pétard, en boule* **2.** *en avoir ras le bol / plein le cul*

to beat the piss out of s.o. : *tabasser qqn • casser la gueule à qqn*

to get pissed at s.o. : *se mettre en pétard, en rogne contre qqn*

to go on the piss : *faire la fête, la foire, la noce*

to piss about / around : **1.** *glander* **2.** *foutre le bordel, la merde*

to piss broken glass : *pisser des lames de rasoir • avoir la chaude-pisse*

to piss in the wind : *pisser dans un violon*

to piss it : *réussir facilement, les doigts dans le nez*

to piss off : *se casser • s'arracher*

to piss on s.o. : *traiter qqn comme de la merde*

to piss oneself laughing : *pisser de rire*

to piss s.o. off : *gonfler • emmerder • pomper l'air à qqn*

---

1. **to rub** : *frotter*

to take a piss : *(aller) pisser*
to take the piss out of s.o. : *se moquer de qqn ; charrier qqn • se foutre de la gueule de qqn*

R

rib : *côte*

it sticks[1] in your ribs : *ça (vous) tient au corps*
rib-cage : *cage thoracique*
rib-tickler[2] : *blague*
rib-tickling : *tordant*
to give s.o. a poke in the ribs : *enfoncer son doigt dans les côtes de qqn (pour attirer son attention)*
to rib : *taquiner • mettre en boîte • charrier*

S

sex : *sexe*

to have sex : *faire l'amour • avoir des rapports sexuels*
the stronger / weaker sex : *le sexe fort / faible*

shin : *tibia*

to shin over a wall : *escalader un mur*
to shin up a tree : *grimper à un arbre*

shit : *merde*

a bag of shit : *un tas de merde*
a piece of shit : *1. un connard, un enfoiré 2. une connerie*
as shit : *de folie, de Dieu*
can't see shit in here! : *on n'y voit rien là-dedans !*
dog shit • horse shit : *de la merde • un paquet de merde*
don't give me that shit! / don't talk shit! : *arrête ton char, tes conneries • arrête de déconner*

---

1. **to stick, stuck, stuck** : *coller*
2. **to tickle** : *chatouiller*

eat shit and die : *va chier* • *va te faire foutre*

holy shit! • **fucking shit!** : *putain de merde!* • *vingt dieux de merde!*

hot as shit : *vachement chaude*

in the shit : *dans la merde*

it gives me the shits : *ça me fout les boules* • *ça me fait gerber*

it's cold as shit : *il fait un froid de canard, vachement froid*

no shit? : *sans blague?* • *sans déconner?*

not to give a shit about : *ne rien avoir à foutre / branler / cirer de qqch*

one's shit : *ses propres affaires*

pack your shit : *range ton bordel*

shit if I care : *je m'en bats les couilles*

shit if I know : *je n'en sais foutre rien*

shit if… : *plutôt crever que…*

there isn't shit I can do about it : *je n'y peux foutre rien*

this guy is a real shit : *ce mec est une vraie merde*

this stuff is shit : *ce truc, c'est de la merde*

to be full of shit : *dire des conneries* • *déconner, débloquer*

to be in the shit : *être dans la merde*

to be in deep shit / to be up shit creek : *être dans la merde jusqu'au cou*

to be on top of one's shit : *assurer* • *bien se démerder*

to drop / land s.o. in the shit : *laisser qqn dans le caca / la merde*

to eat shit : *être humilié* • *ravaler sa fierté*

to feel like shit : *se sentir (très) mal*

to get one's shit together : *s'organiser* • *se démerder* • *faire sa vie*

to have shit for brains : *être con comme un balai / une bite*

to have the shits : 1. *avoir la courante / la chiasse* 2. *avoir la trouille*

to kick the shit out of s.o. : *casser la gueule à qqn*

to scare the shit out of s.o. : *foutre la trouille* • *foutre les boules à qqn*

to shit in one's pants : *faire dans son pantalon* • *se chier dessus*

to shit oneself / to shit bricks : *chier dans son froc*

to shit s.o. : *se foutre de la gueule de qqn*

to shovel shit : *déconner à pleins tubes*

to take shit : *en prendre plein la gueule* • *en chier*

to think one's shit doesn't stink : *ne pas se prendre pour de la merde*

tough shit : 1. *manque de bol/de cul* 2. *tant pis pour toi*
when the shit hits the fan[1] : *quand la merde atteint le plafond*
  • *quand ça va être la merde*
you don't know Jack shit! : *t'y connais que dalle!*

shoulder : *épaule*

shoulder bag : *sac en bandoulière*
shoulder pad : *rembourrage* • *protection d'épaule*
shoulder strap : *bretelle/bandoulière*
to be head and shoulders above s.o. : *dépasser qqn de la tête et des épaules*
to be/stand shoulder to shoulder : 1. *être coude à coude, côte à côte* 2. *se tenir les coudes*
to cry/weep on s.o.'s shoulder : *pleurer sur l'épaule/le giron de qqn*
to fall on s.o.'s shoulder : (responsabilité) *tomber sur le dos/les épaules de qqn*
to give s.o. the cold shoulder/to turn a cold shoulder to : *battre froid, ignorer volontairement*
to have broad shoulders, to be broad-shouldered : 1. *être large d'épaules, de carrure* 2. *avoir les épaules solides*
to rub shoulders with : *côtoyer* • *coudoyer* • *être à tu et à toi avec qqn*
to shoulder : 1. *charger sur son épaule, hisser sur son épaule* 2. (responsabilité) *endosser* • *se charger de*
to shoulder one's way through/into : *se frayer un chemin à coup d'épaule à travers/dans*
to shoulder s.o. aside : *écarter qqn d'un coup d'épaule*
to straighten one's shoulders : *redresser les épaules*

skin : *peau*

it's no skin off my nose : *ce n'est pas mon affaire/mon problème*
next to the skin : *collant* • *ajusté* • *près du corps*
skin diving : *plongée sous-marine*
skin game : *escroquerie*

---

1. mot à mot : *quand la merde atteint le ventilateur*

skin-deep : *superficiel*
skin flick : *film porno*
skinflint : *grippe-sou* • *radin*
skinhead : *skin, voyou* (au crâne rasé)
skinny : *maigre* • *maigrichon*
soaked to the skin : *trempé jusqu'aux os*
there is more than one way to skin a cat : *il y a d'autres façons de s'y prendre* (au besoin, illégales)
to be all / only skin and bones : *n'avoir que la peau sur les os*
to cast / shed one's skin : (serpent, etc.) *muer*
to cook potatoes in their skin(s) : *faire cuire des pommes de terre en robe des champs*
to escape by the skin of one's teeth : *s'en tirer de justesse*
to get under s.o.'s skin : *porter / taper sur les nerfs de qqn*
to have a thin / thick skin : *être susceptible / insensible, imperturbable*
to have s.o. under one's skin : *avoir qqn dans la peau*
to keep one's eyes skinned : *rester en alerte / sur ses gardes*
to peel/skin vegetables : *éplucher / peler des légumes*
with a whole skin : *sain et sauf* • *indemne*

sole (of the foot) : *plante des pieds*

sole : *plante des pieds*
sole : *semelle*
to sole : *ressemeler*

stomach : *estomac, ventre*
prononcer ['stʌmək]

stomach (to) : *digérer* • *encaisser* • *endurer*
stomach ache[1] / trouble : *mal à l'estomac* • *maux d'estomac* • *mal au ventre*
an army marches on its stomach : *une armée ne peut se battre le ventre creux*

---

1. prononcer : ['stʌmək eik]

delicate stomach(s) : *estomac(s) délicat(s)* • *personne(s) sensible(s)*

it lies heavy in my stomach (meal) : *c'est lourd à digérer, ça me pèse sur l'estomac*

on an empty stomach : *le ventre vide*

to have butterflies in one's stomach : *avoir le trac*

to have no stomach for : *avoir peu de goût pour* • *n'avoir aucune envie de*

to turn s.o.'s stomach : *soulever le cœur* • *écœurer*

sweat : *sueur*

prononcer [swet]

an old sweat : *un vieux routier, un vétéran*

by the sweat of his brow : *à la sueur de son front*

cold sweat : *sueur(s) froide(s)*

don't sweat! : *t'inquiète pas!*

don't sweat it! : *relax!* • *te casse pas le cul!*

it was an awful sweat : *on en a bavé* • *ça a été l'enfer* • *on a eu un mal de chien*

let him/her sweat for a while : *laisse le/la mariner un peu*

no sweat! : *pas de problème*

sweated goods : *marchandises fabriquées par une main d'œuvre exploitée*

sweatshirt : *sweat-shirt*

to be dripping[1] with sweat : *ruisseler de sueur* • *être en nage*

to be in a great sweat (about) : *(en) avoir des sueurs froides*

to be in a sweat : *être en sueur*

to sweat blood : 1. *suer sang et eau* 2. *avoir des sueurs froides*

to sweat it out : 1. *s'armer de patience* 2. *s'angoisser à force d'attendre, se ronger les sangs*

to sweat like a bull/pig : *suer comme un bœuf/un porc*

to sweat off : *perdre du poids par sudation*

to sweat one's guts[2] out : *se crever à* • *en baver*

to sweat over sth : *suer, transpirer sur qqch*

---

1. **to drip** : *goutter, dégouliner*
2. **guts** : *tripes*

T
_____

tear : *larme*

a tearful voice : *une voix larmoyante, pleine de larmes*
close to tears : *au bord des larmes*
crocodile tears : *larmes de crocodile*
in tears : *en larmes*
tear-bomb[1] : *bombe lacrymogène*
tear-drop : *larme*
tear-gas : *gaz lacrymogène*
tear-jerker : *à faire pleurer dans les chaumières* • *qui arrache des larmes*
tear-strained : *baigné de larmes*
to bring tears to s.o.'s eyes : *faire venir les/des larmes aux yeux de qqn*
to burst into tears : *fondre en larmes*
to shed tears : *verser des larmes*

throat : *gorge*

cut-throat : *assassin*
cut-throat competition : *concurrence acharnée*
to be at each other's throats : *se battre* • *se sauter à la gorge*
to be at s.o.'s throat : *saisir/tenir qqn à la gorge, essayer d'étrangler*
to cut one's throat : *se trancher la gorge*
to fly/leap at s.o.'s throat : *sauter à la gorge de qqn*
to force/shove sth down s.o.'s throat : *imposer qqch à qqn*
to grip/take s.o. by the throat : *prendre/saisir qqn à la gorge*
to have a frog in one's throat : *avoir un chat dans la gorge*
to have a sore throat : *avoir mal à la gorge* • *avoir une angine*
to have a lump in one's throat : *avoir la gorge serrée*
to jump down s.o.'s throat : *se jeter à la gorge de qqn*
to stick in s.o.'s throat : *rester dans la gorge* • *être dur à avaler, à accepter*

_____

1. prononcer ['tɪəʳ-bɒm]

thumb : *pouce*

prononcer [θʌm]

between finger and thumb : *entre le pouce et l'index*

it gets the thumb(s) down sign : *recevoir un signe négatif •
se voir refuser qqch*

rule of thumb : *pifomètre*

thumb index : *répertoire à onglet*

thumbs down : *refus • réponse négative*

thumbtack : *punaise (de tapissier)*

to be all thumbs : *être maladroit • empoté*

to be under s.o.'s thumb : *être sous la coupe de qqn ; être mené
par le bout du nez*

to give the thumbs down sign : *faire signe que ça n'a pas
marché • (proposition) refuser ; rejeter*

to give the thumbs up sign : *faire un signe de victoire • donner
le feu vert*

to stick out like a sore thumb : *être évident • être gros comme
une maison*

to thumb a ride / a lift : *faire de l'auto-stop*

to thumb one's nose at s.o. : *faire un pied de nez à qqn*

to twiddle one's thumbs : *se tourner les pouces*

toe : *orteil*

big toe : *gros orteil*

from top to toe : *de la tête aux pieds*

it makes your toes curl[1] : *ça vous révulse*

little toe : *petit orteil / doigt de pied*

on tiptoe : *sur la pointe des pieds*

to be on one's toes : *être vigilant, sur le qui-vive*

to have a toehold (in) : *avoir un pied dans*

to keep s.o. on his / her toes : *forcer qqn à rester en alerte • faire
donner à qqn le meilleur de lui / elle-même*

to stand toe to toe with s.o. : *affronter qqn*

to tiptoe : *marcher sur la pointe des pieds*

---

1. **to curl** : *boucler, friser, se retrousser*

to toe the line / mark : *se mettre au pas • se plier à la discipline • respecter les procédures*

to tread / step on one's toes : *marcher sur les pieds de qqn*

toenail : *ongle de pied / de l'orteil*

toes up : *mort • les pieds devant*

tongue : *langue*

to hang out its tongue (animal) : *sortir sa langue*

to find one's tongue : *retrouver sa langue*

to give up : *donner sa langue au chat*

to have a ready tongue / to have a glib tongue : *avoir la langue bien pendue*

to have a sharp tongue : *être une mauvaise langue*

to have a word on the tip of one's tongue : *avoir un mot sur le bout de la langue*

to hold one's tongue : *tenir sa langue*

to lose one's tongue : *perdre / avaler sa langue*

to make a slip of the tongue : *avoir la langue qui fourche*

to put out one's tongue : *tirer la langue*

to set people's tongues wagging : *faire aller les langues*

to speak with (a) forked tongue : *avoir la langue fourchue*

tooth / teeth : *dent(s)*

armed to the teeth : *armé jusqu'aux dents*

back tooth : *molaire*

by the skin of one's teeth (to escape) : *l'échapper belle*

eye-tooth : *canine (supérieure)*

in the teeth of the wind / opposition : *face à*

teething troubles : (entreprise) *difficultés initiales • problèmes de croissance*

to bare / show one's teeth : *montrer les dents*

to be fed up / sick to the back teeth : *en avoir marre, ras le bol*

to be long in the tooth : *ne plus être de première jeunesse*

to clench one's teeth : *serrer les dents*

to cut one's teeth (baby) : *faire ses dents (bébé) • percer ses dents*

to cut one's teeth on : *se faire les dents sur*

to fight tooth and nail : *se battre bec et ongles*
to get one's teeth into : *se lancer à fond dans qqch*
to have a sweet tooth for : *être friand de* • *avoir un faible pour*
to have a tooth out : *se faire arracher une dent*
to have no teeth / to lack teeth : (loi) *manquer de force / fermeté / efficacité*
to kick s.o. in the teeth : *faire un coup en vache à qqn*
to lie in / through one's teeth : *mentir effrontément*
to mutter between clenched[1] teeth / one's teeth : *grommeler entre ses dents*
to set s.o.'s teeth on edge : *faire grincer des dents*
to show one's teeth : *montrer les dents*
to take the bit between one's teeth : *prendre le mors aux dents*
to throw / cast sth into s.o.'s teeth : *jeter qqch à la tête de qqn*
toothache : *mal aux dents, douleur dentaire*
toothbrush : *brosse à dents*
toothpick : *cure-dents*

W

waist : *taille*

stripped[2] to the waist : *nu jusqu'à la ceinture* • *torse nu*
up to the waist : *à la ceinture* • *à la taille, jusqu'à mi-corps*
waistband : *ceinture*
waistcoat : *gilet*
waistline : *taille* • *ligne*

wrist : *poignet*

limp-wristed[3] : *efféminé*
wrist watch : *montre* • *montre-bracelet*
wrist-band : *poignet (de chemise, etc.)* • *bracelet (montre)*

---

1. **to clench** : *serrer* (les dents, les poings), *empoigner*
2. **to strip** : *(se) déshabiller, dévêtir*
3. **limp** : *mou*

FRANÇAIS-ANGLAIS

A

artère : *artery*

   on a l'âge de ses artères : *one is as old as one feels*

B

barbe : *beard*

   au nez et à la barbe de qqn : *under s.o.'s nose*
   avoir de la barbe au menton : *to have a few hairs on one's chin*
   barbant : *boring • tedious*
   barbe à papa : *candy-floss •* (US) *cotton-candy*
   barber : *to bore*
   faire qqch à la barbe de qqn : *to do sth under s.o.'s nose*
   la barbe! : *Damn (it)! • damit! • Blast!* (GB) *• That'll do! • Give it a rest!*
   ne pas avoir de barbe au menton : *to be wet behind the ears*
   quelle barbe! : *what a drag!*
   savon à barbe : *shaving foam*
   se barber : *to be bored (stiff)*
   se laisser pousser la barbe : *to grow a beard*
   se tailler la barbe : *to trim one's beard*
   vieille barbe : *old fogy*

bite : *cock*

   con comme une bite : *to be fucking stupid • to have shit for brains*
   tête de bite : *dickhead*

bouche : *mouth*

bouche cousue : *mum's the word!*

bouche d'égout : *manhole • sewer hole*

bouche d'incendie : *fire hydrant*

de bouche à oreille : *by word of mouth*

faire la bouche en cœur : *to screw up one's mouth • to simper*

faire la fine bouche : *to turn one's nose up • to be fastidious • to be finicky*

faire le/du bouche à bouche : *to give s.o. mouth to mouth resuscitation • to give s.o. the kiss of life*

mettre l'eau à la bouche : *to make s.o.'s mouth water*

pour la bonne bouche : *last but not least*

rester bouche cousue : *to keep one's mouth shut (tight) • to hold one's tongue*

s'embrasser à bouche que veux-tu : *to kiss eagerly*

boule : *head*

avoir la boule à zéro : *to have a shaven head • to have a billiard-ball head*

coup de boule : *head butt*

boules : *bollocks*

avoir les boules : *1. to be pissed off • to be hopping mad 2. to be shit scared • to be scared stiff*

bras : *arm(s)*

avoir le bras long : *to have a long arm • to have clout*

avoir qqch sur les bras : *to have sth in one's hands*

baisser les bras : *to give up • to throw in the towel*

bras de fer : *tug-of-war • trial of strength*

bras droit : *right arm*

en bras de chemise : *in one's shirt sleeves*

faire un bras d'honneur : *to give s.o. the finger*

gros-bras : *muscleman*

les bras m'en tombent : *I'm stunned • flabbergasted*

les bras tendus : *with outstretched arms*

lever les bras au ciel : *to throw up one's arms*
manquer de bras : *to be short-handed • to be short of labour*
rester les bras croisés : *to sit idly by*
saisir à bras-le-corps : *to seize bodily*
tenir à bout de bras : **1.** *to hold at arm's length* **2.** *to support artificially*
tomber sur qqn à bras raccourci(s) : *to pitch into s.o.*

C

cerveau : *brain*

la fuite des cerveaux : *the brain-drain*
le cerveau de l'affaire : *the brains behind the job*
monter au cerveau : *to go to s.o.'s brain/head*
rhume de cerveau : *head cold*
travailler du cerveau • avoir le cerveau dérangé : *to be cracked*
un grand cerveau : *a great mind*

cervelle : *brain(s)*

avoir de la cervelle : *to have brains*
avoir une cervelle d'oiseau/de moineau : *to be feather-brained*
ne rien avoir dans la cervelle : *to be brainless • to have an empty brain*
se brûler/se faire sauter la cervelle : *to blow one's brains out*
se creuser la cervelle : *to rack one's brains*

cheveu(x) : *hair*

Attention : *un poil, un cheveu* : **a hair**
            les cheveux : **hair** (nom collectif singulier)

avoir mal aux cheveux : *to have a hangover*
avoir un cheveu sur la langue : *to have a lisp • to lisp*
comme un cheveu sur la soupe : *at the most awkward moment • in a totally irrelevant way*
couper les cheveux en quatre : *to split hairs*
être à un cheveu de : *to be pretty close to • to be within a hair's breadth of*

gagner d'un cheveu : *to win narrowly/by a slight margin* • *to win by a hair*

il n'a plus un (seul) cheveu sur le caillou : *he hasn't a (single) hair on his head*

il s'en est fallu d'un cheveu : *it was touch and go*

il y a un cheveu : *there is a problem/a snag/a hitch*

saisir une occasion aux cheveux : *to jump at an opportunity*

s'arracher les cheveux : *to tear one's hair out*

se faire des cheveux : *to worry* • *to worry oneself sick*

tiré par les cheveux : *far-fetched*

cheville : *ankle*

avoir de l'eau jusqu'aux chevilles : *to be ankle-deep in water*

il/elle ne lui arrive pas à la cheville : *he/she does not play in the same league* • *he/she is not fit to hold a candle to him/her*

cœur : *heart* (prononcer : [haːʳt])

à cœur ouvert : *with an open heart* • (discussion) *heart-to-heart (talk)*

aller droit au cœur : *to go to s.o.'s heart*

apprendre/savoir par cœur : *to learn/know by heart/rote*

au cœur de l'été : *in the heart/height of summer*

au cœur de l'hiver : *in the heart/depth of winter*

au fond de son cœur : *deep in his/her heart*

avec cœur : *whole-heartedly*

avoir à cœur de : *to be keen on doing…*

avoir bon cœur : *to be kind-hearted*

avoir du cœur : *to be good-hearted/kind-hearted* • *to have a good/kind heart*

avoir du cœur au ventre : *to have guts*

avoir la rage au cœur : *to be seething with anger*

avoir le cœur gros/lourd : *to have a heavy heart* • *to be heavy-hearted*

avoir le cœur léger : *to have a light heart*

avoir le cœur solide/bien accroché : *to have a strong stomach*

avoir le cœur sur la main : *to be open-hearted/-handed*

avoir le cœur triste : *to have a heavy heart • to be sad at heart*

avoir mal au cœur : *to feel sick*

avoir sur le cœur : *to have on one's mind*

avoir un cœur d'artichaut : *to fall in love easily*

avoir un cœur de lion : *to be lion-hearted*

avoir un cœur gros comme ça : *to be big-hearted*

avoir/mettre du cœur à l'ouvrage : *to put one's heart into it/ into one's work*

briser le cœur : *to be heart-breaking • to break s.o.'s heart*

cœur de pierre : *heart of stone*

connaître le fond du cœur de : *to know s.o.'s innermost feelings*

connaître par cœur : 1. *to know by heart* 2. (*de fond en comble*) *to know inside out*

de bon cœur : *heartily • readily • willingly*

de tout mon cœur : *with all my heart*

donner son cœur : *to give one's heart*

d'un cœur léger, gai, joyeux : *light hearted (ly)*

en avoir gros sur le cœur : 1. *to be heavy-hearted • to have a heavy heart* 2. *to feel frustrated*

en avoir le cœur net : *to be clear in one's own mind*

être de tout cœur avec : *to sympathize with*

faire mal au cœur : *to sicken*

fendre le cœur : *to be heart-breaking/heart-rending/heart-wrenching*

homme/femme de cœur : *noble-hearted man/woman*

le cœur du sujet : *the heart of the matter*

manquer de cœur pour faire qqch : *not to have the heart to do sth*

mon cœur (forme d'adresse) : *my heart • dear heart*

ne pas avoir le cœur à/de : *not to feel like + v. + –ing • not to be in the mood for*

ne pas porter dans son cœur : *to have no liking for*

noblesse de cœur : *noble-heartedness*

opération à cœur ouvert : *open-heart surgery*

paroles (venues du fond) du cœur : *heartfelt words*

prendre à cœur de faire qqch : *to set one's heart on doing*

prendre qqch à cœur : *to take sth to heart*

réchauffer le cœur : *to warm s.o.'s heart*

rester sur le cœur : *to rankle*

sans cœur : *heartless*

serrer le cœur : *to grip s.o.'s heart*

serrer/presser sur/contre son cœur : *to hold/press/clap to one's heart/breast*

si le cœur vous en dit : *if you feel like it*

soulever le cœur : *to make (s.o.) sick*

tenir à cœur : *to be close to s.o.'s hear • to be important for s.o. (to do sth)*

vider son cœur : *to pour out one's heart*

y aller de bon cœur/y mettre tout son cœur : *to put one's heart into (sth)*

col : *neck*

(à) col de taureau : *bull-necked*

col blanc : *white-collar (worker)*

se hausser du col : *to blow one's own trumpet*

con : 1. *cunt* 2. *bastard, bugger, dickhead, fuckwit*

con comme un balai : *fucking stupid • as daft as a brush*

con comme une bite : *fucking stupid*

connard : *bastard • motherfucker*

connasse : *bitch • fucking cow*

connerie : *bullshit*

déconner : 1. *to muck around • to mess around* 2. *to talk rubbish*

espèce de con ! : *you dickhead !*

être un vrai con : *to be a real cunt • to be a prize cunt • to be an asshole*

faire le con : *to fool/mess around*

faire une connerie : *to do a damned stupid thing*

gros con : *fucking asshole*

le roi des cons : *a prize cunt*

pauvre con/conne : *stupid fucker • bitch*

petit con : *silly bugger*

sale con/conne : *fucking cunt • bloody bastard/bitch*

sans déconner ? : *no kidding ?*

corps : *body*

à corps perdu : *headlong* • *wholeheartedly*

à son corps défendant : *against one's will* • *unwillingly*

avoir le diable au corps : *to be the very devil* • *to be the devil incarnate*

contrainte de corps : *imprisonment*

corps-à-corps : *hand-to-hand fight*

corps et âme : *body and soul*

faire corps : *to form a body* • *to stick together*

fouille à corps : *bodily search*

il faudra me passer sur le corps : *it will be over my dead body*

le corps du délit : *the corpus delicti*

le corps politique : *the body politic*

ne rien avoir dans le corps : *to have eaten nothing* • *to be on an empty stomach/to* • *to have had no food*

passer sur le corps de qqn : *to trample s.o. underfoot*

perdu corps et biens : *lost with all hands*

prendre corps : *to take shape*

saisir à bras-le-corps : **1.** *to seize round the waist* **2.** *to come to grips with (a problem, etc.)*

tenir au corps : *to be filling/sustaining/substantial*

trembler de tout son corps : *to tremble/shiver all over*

cou : *neck*

cou de taureau : *bull-neck*

jusqu'au cou : *up to one's neck* • *up to one's/eyes*

par la peau du cou : *by the scruff of the neck*

prendre ses jambes à son cou : *to take to one's heels*

coude : *elbow*

être au coude à coude : *to be shoulder to shoulder* • *to be side by side* • *to be running neck and neck*

huile de coude : *elbow grease*

lever le coude : *to tipple* • *to enjoy a drink* • *to drink a fair bit*

se tenir/(se) serrer les coudes : *to stick together*

couilles : *balls, bollocks*

avoir des couilles (au cul) : *to have guts/balls*

baiser à couilles rabattues : *to shag like a rattlesnake • to fuck like mad*

casse-couilles : *ball-breaking • ball-busting*

casser les couilles : *to break s.o.'s balls • to bust s.o.'s as*

c'est de la couille : *this is bullshit*

faire une couille : *to fuck up*

mes couilles! : *balls! • bollocks! • no fucking way!*

partir/tomber en couille : *to go down the drain • to go up in smoke*

se faire des couilles en or : *to get stinking rich*

s'en battre les couilles : *not to give a shit/a damn (about sth)*

tenir qqn par les couilles : *to have s.o. by the balls*

un casse-couilles : *a pain in the ass*

(il y a) une couille dans le potage/le pâté : *a gremlin in the works*

cuisses : *thighs*

avoir la cuisse légère : *to be free with one's favour • to be hot*

cuisses de grenouille : *frogs legs*

se croire sorti/e de la cuisse de Jupiter : *to think one is God's gift to mankind • to think a lot/no small beer of oneself*

cul : (GB) *arse* • (US) *ass*

avoir chaud au cul : *to have a close call • to have a close shave*

avoir du cul : *to be a lucky bastard*

avoir la police au cul : *to be wanted by the police • to have the cops on one's trail*

avoir le cul bordé de nouilles : *to have all the luck • to have the luck of the devil*

avoir le cul entre deux chaises : *to be sitting on the fence • to have one's ass on the fence • to fall between two stools*

avoir le feu au cul : *to have the hots • to be in heat • to be horny/randy*

botter le cul de qqn : *to kick s.o.'s ass*

coup de pied au cul : *kick in the ass*

cul-bénit : *Jesus freak*

cul par-dessus tête : *head over heels*

cul terreux : *hick • yokel*

dans le cul la balayette! : *up yours! • up your hole!*

en avoir plein le cul : *to be fed up (to the back teeth) with*

en avoir ras le cul : **1.** *to be fed up (with)* **2.** *to be pissed off*

en rester sur le cul : *to be knackered/shagged/flabbergasted*

et mon cul, c'est du poulet? : *what a load of crap/bullshit*

être comme cul et chemise : *to be as thick as thieves • to be bosom buddies*

être cul : *to be stupid • to be an arse-hole/asshole*

faire cul-sec : *to down one's drink (in a oner)*

film de cul : *blue movie • skin flick • porn film*

histoire de cul : **1.** *dirty story • smutty joke* **2.** *sex life*

je te/vous pisse au cul! : *Fuck you!*

l'avoir dans le cul : *to get screwed/fucked/shafted*

lèche-cul : *ass-licker*

lècher le cul : *to lick s.o.'s ass*

mon cul! : *balls! • no fucking way!*

parle à mon cul, ma tête est malade : *fuck off and give my head peace!*

péter plus haut que son cul : *to be too big for one's boots/ britches*

pisser au cul : *to fuck*

pendre au cul de qqn : *to have got it coming*

se la mettre dans le cul : *to stick it up one's arse/ass*

se magner le cul : *to get a move on*

se taper le cul par terre : *to split one's sides with laughter*

s'en torcher le cul : *not to give a shit/a damn • not to give a flying fuck*

tirer au cul : *to shirk • to dodge off*

trou-du-cul du monde : *god-forsaken hole*

D

---

dent(s) : *tooth* (pl. : *teeth*)

    armé jusqu'aux dents : *armed to the teeth*

    avoir la dent : *to be hungry* • *to be famished*

    avoir la dent dure : *to be a harsh critic*

    avoir les dents longues : *to be very ambitious* • *greedy* • *gasping*

    avoir mal aux dents : *to have a toothache*

    avoir une dent contre : *to hold/have/bear a grudge against*

    avoir une dent creuse : *to have a hollow tooth*

    desserrer les dents : *to open one's mouth*

    en dents de scie : *uneven* • (graphique) *seesawing*

    en prendre plein les dents : *to get it right on the kisser*

    enceinte jusqu'aux dents : *very pregnant*

    être sur les dents : *to be keyed up* • *to be under great pressure*

    manger du bout des dents : *to pick at one's food*

    manger/mordre à belles dents : *to eat ravenously/hungrily* • *to eat away steadily*

    montrer les dents : *to bare one's teeth*

    ne rien avoir à se mettre sous la dent : *to have nothing to eat*

    parler entre ses dents : *to mumble* • *mutter between/through one's teeth*

    prendre le mors aux dents : *to take the bit between one's teeth*

    rire à belles dents/rire de toutes ses dents : *to laugh heartily*

    se faire les dents : *to cut one's teeth*

    se mettre qqch sous la dent : *to eat* • *to find sth to eat*

doigt : *finger*

    connaître qqch sur le bout des doigts : *to know sth inside out*

    gagner les doigts dans le nez : *to win hands down*

    il n'a pas bougé le petit doigt : *he didn't lift a finger* • *he didn't move a muscle*

    mon petit doigt m'a dit : *a little bird told me*

    montrer qqn du doigt : *to point the finger at s.o.*

    ne rien (savoir) faire de ses dix doigts : *to be idle/lazy* • *to be good for nothing*

obéir au doigt et à l'œil : *to be at s.o.'s beck and call* • *to toe the line*

passer/mettre la bague au doigt : *to marry*

se mettre les doigts dans le nez : *to pick one's nose*

se mettre/fourrer le doigt dans l'œil : *to be kidding oneself* • *to be mistaken*

se brûler les doigts : *to burn one's fingers*

s'en mordre les doigts : *to rue it* • *to regret it*

un doigt (de vin, etc.**)** : *(just) a finger (of wine, etc.)* • *(just) a wee drop (of wine, etc.)*

dos : *back*

avoir bon dos : *to have a broad back* • *to be always picked upon*

avoir le dos large : *to have a broad back* • *to be in a strong position* • *to be able to take it*

avoir qqn/qqch sur le dos : *to be saddled with s.o./sth*

dès qu'il/elle a le dos tourné : *as soon as his/her back is turned*

dos à dos : *back to back*

en avoir plein le dos : *to be sick (and tired) of* • *to be fed up with* • *to have had it*

faire le gros dos : **1.** *(chat) to arch its back* **2.** *to wait for better times*

ne rien avoir à se mettre sur le dos : *to have nothing to wear* • *to have no clothes on one's back*

on l'a dans le dos ! : *we've had it !*

se mettre qqn à dos : *to set s.o. against oneself* • *to antagonize s.o.*

sur le dos de : *at s.o.'s expense*

tomber sur le dos de : *to drop down on* • *to bust in on*

tourner le dos à : *to turn one's back on*

voir au dos : *see overleaf* • *please turn over*

E

épaule : *shoulder*

avoir la tête sur les épaules : *to have common sense* • *to be steady*

avoir les épaules larges/solides : *to be in strong (financial) position • to be very reliable*

avoir les épaules larges/être large d'épaules : *to be broad-shouldered*

hausser les épaules : *to shrug (one's shoulders)*

tout repose sur vos épaules : *it all rests on your shoulders*

estomac : *stomach* • (fam.) *belly*

avoir de l'estomac : 1. (ventre) *to have a paunch* 2. (audace) *to have a nerve • to have guts*

avoir l'estomac dans les talons : *to be starving/famished*

avoir mal à l'estomac : *to have a stomach-ache*

(l')estomac creux : *(on) an empty stomach*

estomaquer : *to stagger • to astound • to flabbergast*

le faire à l'estomac : *to bluff*

ne pas manquer d'estomac : *to have a nerve*

F

face : *face*

à la face de : *in s.o.'s face • to s.o.'s face*

à la face du monde : *to the whole world*

en face de : *in front of • opposite • about • against*

face-à-face : 1. *face to face, facing* 2. (débat) *face to face • one on one • one to one*

face cachée : *hidden side/face*

face de rat/de crabe/d'œuf : *rat-face • pig-face • dog-face •* (vulg.) *shit-face*

perdre la face : *to lose face*

pile ou face : *heads or tails*

sauver la face : *to save face*

tirer à pile ou face : *to flip a coin • to toss (it) up*

fesse(s) : *buttock(s)*

avoir chaud aux fesses : *to have a close call*

avoir qqn aux fesses : *to have s.o. on one's trail*

ça coûte la peau des fesses : *it costs an arm and a leg* • *it costs a bomb* • *it costs the earth*

gare à tes fesses : *you better watch out*

histoire de fesses : *dirty story*

pousse/gare tes fesses! : *shift your backside!* • *shove over!* • *move over!*

se magner les fesses : *to hurry up* • *to get a move on*

serrer les fesses : *to be scared stiff* • *to be prepared to a danger*

trouver de la fesse : *to get some fanny*

figure : *face*

casser la figure à qqn : *to smash s.o.'s face* • *to trash* • *to beat up s.o.*

faire bonne figure : *to put on good/brave show/face*

figure de proue : *figurehead*

jeter à la figure : *to throw sth in s.o.'s face* • *to tell sth in s.o.'s face*

se casser la figure : *to fall flat on one's face* • *to crash down* • *to come a cropper* • (entreprise) *to take a nosedive* (chute libre)

flanc : *side*

être sur le flanc : **1.** (couché) *to be laid up* **2.** (fatigué) *to be knocked out*

prêter le flanc à : *to lay oneself open to*

se battre les flancs : *to rack ones brains*

sur le flanc : (lying) *on one's side*

tirer au flanc : *to shirk*

foie : *liver*

avoir les foies : *to be scared to death*

avoir mal au foie : *to have a stomach-ache*

G

gencive(s) : *gum(s)*

prendre un coup dans les gencives : *to get a kick in the teeth/a sock on the jaw* qu'est-ce qu'elle lui a envoyé dans les gencives ! : *how she let fly at him !* • *how she went after him !*

genou : *knee*

avoir un genou en/à terre : *to be down on one knee*

se mettre à genoux : *to kneel*

être à genoux : *to be kneeling*

tomber à genoux : *to go own on one's knees*

tomber aux genoux de : *to throw oneself to s.o.'s knees*

mettre à genoux : *to bring s.o. to his/her knees* • (entreprise) *to bring down*

jusqu'aux genoux : *knee-deep*

faire du genou : *to play footsie (with s.o.)*

prendre sur ses genoux : *to take on one's knees/one's lap*

fléchir/plier les genoux devant : *to bend the knee to s.o.*

être à genoux devant : *to worship* (vénérer)

se mettre à genoux devant : *to kneel before/to drop down one one's knees before*

mettre sur les genoux : *to exhaust* (épuiser)

être sur les genoux : *to be worn out* • *to be ready to drop* • *to be fagged out*

demander à genoux : *to beg on one's (bended) knees*

mes genoux se dérobent sous moi : *my legs are giving way under me*

gueule : *mouth, gob, trap*

avoir de la gueule : *to look great* • *to be a real stunner* • *to be classy*

avoir la gueule de l'emploi : *to look the part*

avoir une sale gueule : 1. *to look mean* 2. *to look sick*

casser la gueule à : *to smash s.o.'s face*

en prendre plein la gueule : 1. *to get beaten up* • *to get one's face smashed up* 2. *to get bawled out* 3. *to be impressed/blown away*

faire la gueule : *to sulk* • *to be in a huff (with s.o.)*

ferme ta gueule ! : *shut up !* • *shut your trap !*

fine gueule : *connoisseur • gourmet*

grande gueule : *big-mouth*

gueule de bois : *hangover*

prendre en pleine gueule : *to get it right in the gob/kisser*

se casser la gueule : *to fall flat on one's face • to come a cropper*

se fendre la gueule : *to laugh (one's head off)/to split one's sides
    laughing • to have fun • to have a good time*

se payer/se foutre de la gueule de : *to make fun of • to take the
    Mickey out of • to put s.o. on*

se soûler/se bourrer la gueule : *to get drunk/pissed/sloshed*

gorge : *throat*

avoir la gorge serrée : *to have a lump in one's throat*

avoir mal à la gorge : *to have a sore throat*

ça lui est resté en travers de la gorge : *he/she found it hard to
    swallow* (avaler)

coupe-gorge : *cut-throat (place)/death trap/thieves alley*

être pris à la gorge : *to be held by the throat*

faire des gorges chaudes : *to laugh sth to scorn • to mock • to
    make jokes about*

faire rendre gorge : *to force to give back*

faire rentrer des paroles dans la gorge : *to make s.o. eat his/
    her words*

prendre à la gorge : *to grab by the throat • to have by the throat*

rendre gorge : *to make restitution*

rester en travers de la gorge : *to stick in s.o.'s throat*

rire à gorge déployée : *to laugh heartily • to roar with laughter*

J

jambe : *leg*

se mettre en jambes : *to warm up*

en avoir les jambes coupées : *to be knocked sideways*

prendre ses jambes à son cou : *to take to one's heels • to show a
    clean pair of heels*

une partie de jambes en l'air : *a roll in the hay* (foin)

lever la jambe : *to be an easy lay* • *to be a bit of a goer*

ça me fait une belle jambe : *a lot of good that does me/that'll do me a lot of good*

se jeter dans les jambes de : *to get/throw oneself under s.o.'s feet*

tirer dans les jambes de… : *to play a dirty trick on…*

jambe de bois : *wooden/artificial leg*

tenir la jambe : *to keep s.o. chatting* • *to keep s.o. up yakking*

avoir les jambes en coton : *to have legs like cotton wool/like jelly*

avoir x km dans les jambes : *to have walked x miles*

en avoir plein les jambes : *to be on one's knees* • *to be worn out*

donner des jambes à : *to lend new strength to* • *to lend speed/wings to*

tenir sur ses jambes : *to be/hold steady on one's legs*

traîner la jambe : *to shuffle along* • *to limp along*

tirer la jambe : *to limp along* • *to have a limp*

ne plus avoir ses jambes de vingt ans : *not to be so young any more/as one was*

par-dessus la jambe : *carelessly* • *without care* • *in an offhand manner*

faire qqch par-dessus la jambe : *to make a messy job of sth*

être dans les jambes de : *to be getting in the way* • *to be in the way* • *to be underfoot* • *to get under s.o.'s feet*

se dégourdir les jambes : *to stretch one's legs*

courir à toutes jambes : *to run at full speed* • *to run for one's life*

joue : *cheek*

avoir les joues en feu : *to have one's cheeks on fire (her cheeks were on fire)* • *to be blushing*

joue contre joue : *cheek to cheek*

mettre en joue : *to take aim*

présenter/tendre l'autre joue : *to turn the other cheek*

se caler les joues : *to eat/have a square meal*

tendre la joue : *to offer one's cheek*

L

---

langue : *tongue*

avoir la langue bien pendue : *to have a ready tongue • to be chatty/gabby • to have the gift of the gab • to have a glib[1] tongue*

avoir la langue fourchue : *to speak with (a) forked tongue*

avoir la langue qui fourche : *to make a slip of the tongue*

avoir un bœuf sur la langue : *to have/keep one's lips sealed[2]*

avoir un mot sur le bout de la langue : *to have a word on the tip of one's tongue*

donner sa langue au chat : *to give up*

être une mauvaise langue : *to be a gossip[3]-monger/scandal-monger • to have a sharp tongue* (= plutôt langue acérée)

faire aller les langues : *to set people talking • to set people's tongues wagging[4]*

faire aller sa langue : *to yack*

la langue verte : *slang • street talk*

langue de bois : *gobbledygook • officialese • stereotyped language*

langue de vipère : *malicious[5] gossip • scandal-monger*

langue fourrée : *French kiss*

les bonnes langues diront que… : *worthy[6] folks will say that…*

les langues vont bon train : *this has got people talking • people are talking*

mauvaise langue : *scandal-monger • gossip-monger*

ne pas avoir la/sa langue dans sa poche : *not/never to be at a loss for words*

perdre/avaler sa langue : *to lose one's tongue*

prendre langue avec : *to make contact with/to get in touch with*

---

1. **glib** : *lisse, glissant* ; (fig.) *spécieux*
2. **to seal** : *fermer, sceller, cacheter*
3. **gossip** : *commérage, commère, cancanière*
4. **to wag** : *agiter, remuer* (la queue, la langue)
5. **malicious** : *méchant, malveillant*
6. **worthy** : *digne, honorable, estimable*

retrouver sa langue : *to find one's tongue*

tenir sa langue : *to hold one's tongue*

tirer la langue : **1.** *to put out one's tongue* **2.** (animal) *to hang out its tongue* **3.** *to be struggling*[1] • *to be in a bad way*

tourner sa langue sept fois dans sa bouche avant de parler : *to count to ten before saying anything*

larme : *tear*

au bord des larmes : *close to tears*

baigné de larmes : *tear-strained*

du sang, de la sueur et des larmes : *blood, sweat and tears*

être en larmes : *to be in tears*

faire venir les/des larmes aux yeux de qqn : *to bring tears to s.o.'s eyes*

fondre en larmes : *to burst into tears*

gaz lacrimogène : *tear-gas*

juste une larme (de qqch) ! : *just a (wee) drop!*

larme : *tear-drop*

larmes de crocodile : *crocodile tears*

pleurer des larmes de sang : *to shed* (verser) *tears of blood*

une voix larmoyante, pleine de larmes : *a tearful voice*

verser des larmes : *to shed tears*

lèvre(s) : *lip(s)*

cigarette aux lèvres : *with a cigarette between one's lips*

du bout des lèvres : *in a forced/artificial manner; half-heart-edly* • *grudgingly*

il y a loin de la coupe aux lèvres : *there's many a slip betwixt (between) cup and lip*

pincer les lèvres : *to purse one's lips* • *to prim one's mouth*

rouge à lèvres : *lipstick*

sourire aux lèvres : *with a smile on one's lips/face*

sur toutes les lèvres : *on everyone's lips* • *on every lip*

trompettiste en lèvres : *trumpet player with a good lip*

---

1. **to struggle** : *lutter, se débattre*

M

---

main : *hand*

à la main : *by hand*

avoir (bien) en main : *to have (well) under control*

avoir la haute main sur : *to rule* • *to control entirely* • *to call the time/to run the show*

avoir la main : *to lead*

avoir la main heureuse : *to pick a winner* • *to have luck*

avoir la main leste : *to be free/quick with one's hands*

avoir la main lourde : *to act with/to have a heavy hand* • *to be heavy-handed*

avoir la main verte : *to have green fingers*

avoir la situation bien en main : *to have the situation in hand/ under control*

avoir la/les main(s) baladeuse(s) : *to be a groper*

avoir les mains libres : *to have a free hand*

avoir les mains liées : *to have one's hands tied*

avoir les mains sales : *to have dirty hands* • *to have got one's hands dirty*

avoir qqch sous la main : *to have sth handy/ready to hand* • *(near) at hand* • *at one's disposal*

avoir un poil dans la main : *to be lazy* • *to be bone-idle* • *to be a lazy bones*

avoir une bonne main (cartes), **avoir du jeu** : *to have a good hand*

coup de main : *1.* (adresse) *knack* **2.** *raid* • *attack*

de la main à la main : *from hand to hand* • *directly; direct*

de longue main : *for a long time*

de main de maître : *in a masterful way* • *brilliantly*

de main en main : *from hand to hand*

de première • deuxième main : *first-hand* • *second-hand*

demander la main de qqn : *to ask for s.o.'s hand*

des deux mains : *enthusiastically*

distribuer à pleines mains : *to give/to distribute lavishly*

donner la main à : **1.** *to hold s.o.'s hand* • *to give s.o. one's hand* **2.** (aider) *to give/lend s.o. a hand*

donner un coup de main : *to lend/give a hand*

donner/accorder la/sa main : *to give one's hand (in marriage)*

en sous-main : *behind the scenes*

en un tour de main/tourdemain : *in a jiffy* • *in a twinkle*

en venir aux mains : *to come to blows*

être à sa main : *to do sth easily* • *to have control*

être en main : *to be taken care of* • *to have a partner*

être pris la main dans le sac : *to be caught red-handed/in the act*

faire des pieds et des mains : *to move heaven and earth*

faire main basse sur : **1.** *to help oneself to* **2.** *to loot* (piller)

fait-main : *hand-made*

garder la main : *to keep one's hand in*

haut la main : *with flying colours/*(US) *colors* • *by a wide margin* • *hands down*

hauts les mains ! les mains en l'air ! : *Hands up !* • *Stick them up !*

homme de main : *henchman* • *hired thug*

la main dans la main : *hand in hand*

les mains vides : *empty-handed*

main de fer : *iron-hand*

mains-libres : *hands free*

manger dans la main de qqn : *to eat out of s.o.'s hand*

mettre la dernière main à : *to put the final touch/finishing touches to*

mettre la main à la pâte : *to take a hand in*

mettre la main à la/sa poche : *to put one's hand in one's pocket*

mettre la main au collet : *to collar* • *to get hold of s.o.* • *to arrest s.o.*

mettre la main au panier : *to touch* • *to slip the hand; to grope*

mettre la main sur : *to lay one's hand on*

(en) mettre sa main au feu/à couper : *to swear* (jurer) *to sth* • *to stake one's life on it*

ne pas y aller de main morte : *not to pull one's punches* (coups)

passer la main : *to step down* • *to bow* (s'incliner) *out* • *to hand over one's job*

passer la main dans le dos à : *to pat* (tapoter) *s.o. on the back*

perdre la main : *to lose one's touch* • *to lose the advantage*

poignée de main : *handshake*

porter la main sur : *to lay a/one's hand on* • *to strike* (frapper)

prendre en main : **1.** (voiture) *to get the feel of/to get used to*
2. *to take over*

prendre son courage à deux mains : *to take one's courage in both hands*

prêter main forte à : *to lend s.o. a hand*

prise en main (d'une entreprise) : *take-over*

projet clés en main : *turnkey project*

remettre en main(s) propre(s) : *to hand* • *to give* • *to deliver personally*

sac à main : *handbag*

se donner la main : *to help one another*

se faire la main : *to get one's hand i* • *to get familiar with* • *to learn how to handle* (sth)

se laver les mains de : *to wash one's hands of*

serrer la main à : *to shake hands with*

sous la main, disponible : *to hand*

tendre la main : **1.** *to hold out one's hand* **2.** *to offer one's help*

tomber aux mains de : *to fall in/into the hands of*

tomber sous la main de : *to fall under s.o.'s hand*

une main de fer dans un gant de velours : *an iron-hand in a velvet glove*

vol à main armée : *armed robbery*

vote à main levée : *(vote by) show of hands*

muscle(s) : *muscle(s)*

faire jouer, bander ses muscles : *to flex one's muscles*

menton : *chin*

avoir du poil au menton : *to be out of short pants* • *to be an old hand*

double/triple menton : *double/triple chin*

menton en galoche : *jutting/protrudingchin*

menton fuyant : *receding/weak chin*

ne pas avoir de poil au menton : *to be wet behind the ears*[1]

merde : *shit*

bordel de merde ! : *holy fucking shit !*

c'est de la merde ! : *it's a piece of shit* • *it's a load of crap !* • *it's shit city !*

de merde : *shitty* • *crappy* • *trashy*

dire merde a qqn : *to tell s.o. to fuck off* • *to tell s.o. when to get off*

emmerdement : *trouble* • *hassle*

être dans la merde : *to be in deep shit*

être dans les/avoir des emmerdements : *to be in shit street*

être dans un beau merdier : *to be in shit street*

il m'est arrivé une merde : *I had a bit of a cock-up*

marcher dans la merde : *to step in shit*

merde ! : *shit !*

merde alors ! : *holy shit !*

merder : *to cock up* • *to balls up* • *to make a mess of sth*

merdeux/euse : *shit-head* • *fucker/bastard*

merdier : *mess* • *jam*

merdique : *hitty* • *crappy*

merdouille : *hit* • *crap*

merdouiller : *to screw up* • *to fuck up* • *to balls up* • *to cock up*

ne pas se prendre pour de la merde : *to think the sun shines out of one's ass* • *to take oneself for the dog's bollocks* (couilles)

oui ou merde ? : *yes or no ? Make up your fucking mind !*

petit/e merdeux/euse : *rotten little runt* • *beastly little brat*

se sentir merdeux : *to feel shitty*

semer/foutre la merde : *to stir up shit* • *to put a spanner*[2] *in the works*[3] • *to balls it up*

traîner qqn dans la merde : *to sling mud* (boue) *at s.o.*

un paquet de merde : *a load of crap*

un tas de merde : *a bag of shit*

---

1. mot à mot : *être humide derrière les oreilles*
2. **spanner** : *clé anglaise*
3. **works** : *rouages*

moelle : *marrow*

   la **substantifique moelle** : *the very substance*
   pourri jusqu'à la moelle : *rotten to the core/rotten through and through*
   transi/gelé jusqu'à la moelle : *frozen to the marrow*

N

nerf : *nerve*

   à bout de nerfs : *to have frayed* (éraillés) *nerves*
   avoir des nerfs d'acier : *to have nerves of steel*
   avoir du nerf : *to be vigorous*
   avoir les nerfs à vif/à fleur de peau : *to be edgy/on edge*
   avoir les nerfs en boule/en pelote : *to be tense/edgy/tensed up*
   avoir les nerfs fragiles : *to be highly strung*
   avoir ses nerfs : *to have a fit of nerves*
   ça manque de nerf! : *it lacks heart/spirit/vigour* (GB), *vigor* (US)/ *strength/power*
   crise de nerfs : *(fit of) hysterics*
   dépression nerveuse : *nervous breakdown*
   du nerf! : *buck up • show some spirit!*
   être sur les nerfs : *to be (all) keyed up*
   garder ses nerfs : *to keep one's cool/self-control*
   mettre les nerfs à vif/taper sur les nerfs : *to get on s.o.'s nerves*
   nerf de la guerre : *the sinews* (tendons) *of war*
   nerf de bœuf : *blackjack*
   passer ses nerfs sur : *to take it out on*
   perdre ses nerfs : *to lose one's nerves*
   ses nerfs ont craqué : *he/she went to pieces*
   vivre sur les nerfs : *to live on one's nerves*

nez : *nose*

   à plein nez : *right up your nose*
   à vue de nez : *roughly • at rough guess*
   au nez et à la barbe de : *under s.o.'s very nose*

avoir du nez : *to have a good nose (for)* • *to have instincts* • *to have a flair for business* • *to smell a bargain*

avoir le nez creux : *to have a hunch[1]*

avoir le nez qui coule : *to have a runny nose*

avoir le nez qui remue • (mentir) **son nez remue** : *it shows on his/her face that he/she's lying*

avoir le nez sur : *to have sth right under s.o.'s nose* • *to have one's nose in*

avoir qqch sous le nez : *to have sth under one's very nose/right under s.o.'s nose*

avoir qqn dans le nez : *not to stand/stomach s.o. ; not to put up with s.o.*

avoir un coup/verre dans le nez : *to have had one drop too many/a drop too much*

ça lui pend au nez : *he/she's got it coming to him/her*

ça se voit comme le nez au milieu du visage/de la figure : *it sticks out a mile*

comme le nez au milieu du visage/de la figure : *as plain[2] as the nose on your face* • *as clear as daylight*

faire un pied de nez à : *to thumb one's nose at*

fermer la porte au nez de : *to shut/slam the door in s.o.'s face*

fourrer son nez partout : *to nose about*

fourrer son nez dans : *to poke one's nose into*

juste sous votre nez : *right under your nose*

le nez au vent : *with one's nose in the air*

les doigts dans le nez : *hands down*

lever le nez de : *to raise one's head from*

l'occasion leur est passée sous le nez : *they (have) missed the opportunity* • *they have let slip[3] the opportunity*

mener par le bout du nez : *to lead by the nose*

mettre le nez dehors : *to put one's nose outside the door*

mettre le nez dans le caca/le pipi : *to rub s.o.'s nose in the dirt*

mettre son nez dans qqch : *to poke/stick one's nose into sth*

---

1. **hunch** : *bosse, gros morceau*
2. **plain** : *plat, plan ; clair ; simple*
3. **to slip** : *glisser, échapper de*

montrer son nez/le bout de son nez : *to show one's face •
to show up*

nez à nez : *face to face*

nez en trompette : *turned-up nose*

parler du nez : *to speak with a twang • to speak in a snuffle*

passer sous le nez : *to slip through s.o.'s fingers*

piquer du nez : *to nod[1] off • to doze[2] off • to drop off*

qui fourre son nez partout : *(to be) nosy*

raccrocher au nez de : *to hang up on s.o.*

regarder sous le nez : *to stare in the face*

se casser le nez : *1. to break one's nose 2. not to find s.o. at home
3. to draw a blank[3]*

se faire refaire le nez : *to have a nose job*

se manger/bouffer le nez : *to go at each other • to go at each
other's throat • to lock horns[4]*

se moucher le nez : *to blow one's nose*

sous votre nez : *under your very nose*

suivre son nez : *to follow one's nose*

tirer les vers du nez : *to worm[5] sth out of s.o. • to drag informa-
tion from s.o.*

nichon(s) : *boobs, tits*

avoir de gros nichons : *to have big boobs*

nombril : *navel*

se prendre pour le nombril du monde : *to think (too) highly of
oneself • to think one is the cat's whiskers[6]*

se regarder le nombril : *to contemplate one's navel*

---

1. **to nod** : *faire un signe de tête, incliner la tête*
2. **to doze** : *sommeiller, somnoler*
3. **to draw a blank** : *faire chou blanc ; ne pas provoquer de réaction*
4. **to lock horns** : *(litt.) lutter cornes contre cornes*
5. **to worm (out)** : *se glisser, se faufiler (hors de)*
6. **whiskers** : *moustaches* (chat)

nuque : *nape of the neck*

> **avoir la nuque rigide/raide** : *to be stiff-necked*
> **se rompre/se briser la nuque** : *to break one's neck*
> **une balle dans la nuque** : *a bullet in the back of the neck*

O

œil, yeux : *eye(s)*

> **à l'œil** : *free • free of charge • for free • on the house • for love*
> **à vue d'œil** : *1. at a quick glance* **2.** *by the minute* **3.** *before our very eyes*
> **accepter qqch les yeux fermés** : *to agree to sth with one's eyes closed*
> **au premier coup d'œil** : *at (the) first glance*
> **aux yeux de** : *in the eyes of • from the point of view of*
> **avoir à l'œil** : *to have an eye to*
> **avoir des yeux derrière la tête** : *to have eyes in the back of one's head*
> **avoir le coup d'œil** : *to have good judgment • to have a sharp eye*
> **avoir les yeux plus grands que le ventre** : *to have one's eyes bigger than one's belly/stomach; to bite off more than one can chew*[1]
> **avoir l'œil** : *to be sharp-eyed*
> **avoir l'œil ouvert, les yeux ouverts** : *to keep one's eye open/peeled/skinned for*
> **avoir l'œil pour** : *to have a good eye for*
> **avoir l'œil sur** : *to keep an eye on/a sharp eye on*
> **avoir qqch sous les yeux** : *to have sth (right) under one's eyes*
> **baisser les yeux** : *to look down*
> **ça vaut le coup d'œil** : *it's worth seeing*
> **cela crève les yeux** : *it stares you in the face*
> **cela saute aux yeux** : *it's obvious/self-evident • it stares you in the face*
> **coup d'œil** : *1. glance, quick look* **2.** *view*

---

1. **to chew** : *mâcher*

coûter les yeux de la tête : *to cost an arm and a leg* • *to cost the earth*

dans les yeux de, aux yeux de : *in the eyes of*

(être) dans qqch jusqu'aux yeux : *up to the eyes* • *one's eyes in*

détacher ses yeux de qqch, qqn : *to take one's eyes off sth/s.o.*

d'un (seul) coup d'œil : *at a glance*

entre quat'z'yeux : *face to face* • *in private*

qui saute aux yeux : *obvious* • *evident*

faire de l'œil à qqn : *to make eyes at s.o.* • *to give s.o. the glad eye*

faire les yeux doux : *to make sheep's/lamb's eyes (at s.o.)*

fermer les yeux sur : *to turn a blind eye to* • *to close one's eyes to*

garder l'œil sur, surveiller : *to keep an eye on*

jamais de la vie, mon œil ! : (US) *in a pig's eye!*

je m'en bats l'œil : *I don't care a hoot*

jeter un coup d'œil : *to throw a glance* • *to have a look*

jeter un œil sur : *to have a look at*

les yeux dans les yeux : *straight in the eye*

les yeux fermés : *with ones eyes shut/closed*

les yeux ouverts, en connaissance de cause : *with one's eyes open*

lever les yeux : *to look up*

l'œil du cyclone : *the eye of the hurricane* • (fig.) *the eye of the storm*

loin des yeux, loin du cœur : *out of sight, out of mind*

mon œil ! : **1.** *my eye!* • *my foot!* **2.** *nothing doing!* • *No way!*

n'avoir d'yeux que pour, regarder intensément : *to only have eyes for*

ne pas avoir froid aux yeux : *to have plenty of pluck* • *not to be afraid*

ne pas fermer l'œil : *not to sleep a wink*[1]

obéir au doigt et à l'œil : **1.** *to follow orders strictly* **2.** *to be at s.o.'s beck and call*

œil-de-bœuf : *bull's eye*

œil-de-perdrix : *(soft) corn*

---

1. **wink** : *battement de paupière, clignement d'œil*

œil pour œil, dent pour dent : *an eye for an eye, a tooth for a tooth*

ouvrir de grands yeux : *to open one's eyes wide • to stare (at)*

ouvrir les yeux : *to open one's eyes • to keep one's eyes open*

ouvrir les yeux de qqn (sur qqch) : *to open s.o.'s eyes (to sth) • to make s.o. open his/her eyes (to sth)*

ouvrir l'œil : *to keep a sharp lookout • to keep one's eyes peeled/ skinned*

ouvrir l'œil et le bon : *to keep a sharp[1] lookout*

pour les beaux yeux de : *just to please s.o. • just for the love of*

qui ouvre les yeux, révélation : *eye-opener*

regarder dans le blanc des yeux : *to look straight in the face/ the eye*

regarder dans les yeux : *to look in the eye*

se mettre/se fourrer le doigt dans l'œil : *to have it all wrong • to be (completely) mistaken • to be barking[2] up the wrong tree*

se regarder les yeux dans les yeux : *to gaze into each other's eyes*

sous nos yeux : *under/before/in front of our very eyes*

tenir à l'œil : *to keep an eye on*

(tout ça, c'est) de la poudre aux yeux : *that's all eyewash*

voir du même œil (que) : *to see eye to eye (with)*

voir d'un bon œil : *to eye favourably/(US) favorably • to look favourably (on)*

voir les choses du même œil : *to see eye to eye*

vue d'ensemble, vue générale, vue d'avion : *a bird's eye view*

ongle : *nail*

avoir les ongles en deuil : *to have dirty (finger)nails*

(payer) rubis sur l'ongle : *(to pay) cash on the nail*

se battre bec et ongles : *to fight tooth and nail*

se faire les ongles : *to do one's nails*

se ronger les ongles : *to bite one's nails*

---

1. **sharp** : *pointu, aiguisé*
2. **to bark** : *aboyer*

oreille(s) : *ear(s)*

à portée d'oreille : *earshot (within, out of)*

avoir (gagner) l'oreille de qqn : *to have (gain) s.o.'s ear*

avoir de l'oreille : *to have a good ear/an ear for music*

avoir les oreilles en chou-fleur : *to have cauliflower ears*

avoir l'oreille de qqn : *to have s.o.'s ear*

avoir l'oreille fine : *to be keen[1] of hearing*

bouchon d'oreille : *earplug*

casser les oreilles : *to kick up a din • to make a racket[2]*

de bouche à oreille : *by word of mouth*

dormir sur ses deux oreilles : *to sleep soundly*

échauffer les oreilles : *to get on s.o.'s nerves*

écouter de toutes ses oreilles : *to be all ears • to listen very carefully*

(n')écouter (que) d'une oreille : *to listen with one ear*

entrer par une oreille et sortir par l'autre : *to go in (at) one ear and out (at) the other*

être dur d'oreille : *to be hard of hearing*

être jusqu'aux oreilles dans : *to be up to one's ears in*

faire la sourde oreille (à) : *to turn a deaf ear (to)*

fermer les oreilles : *close your ears*

glisser/dire dans le creux de l'oreille : *to whisper[3] (in s.o.'s ear)*

j'ai un bourdonnement dans les oreilles/les oreilles qui bourdonnent : *my ears are ringing/buzzing*

jouer d'oreille (musique) : *to play it by ear*

le bouche à oreille : *(to hear through) the grapevine[4]*

les murs ont des oreilles : *walls have ears*

les oreilles ont dû lui tinter/ses oreilles ont dû tinter : *his/her ears must have been burning*

l'oreille basse : *crestfallen • with one's tail between one's legs*

montrer le bout de l'oreille : *to show through*

---

1. **keen** : *enclin à, tenté de*
2. **din, racket** : *tapage, vacarme, tintamarre*
3. **to whisper** : *chuchoter, murmurer*
4. **grapevine** : (litt.) *vigne*

ne pas tomber dans l'oreille d'un sourd : *not to fall on deaf ears*

prêter l'oreille (à) : *to lend an ear (to)* • *to listen (to)*

rebattre les oreilles (avec) : *to keep harping on*

se boucher les oreilles : *to stop one's ears*

se faire tirer l'oreille : *to need a lot of prodding[1]/of persuading*

sourire d'une oreille à l'autre : *to smile from ear to ear*

tirer les oreilles : *to tweak[2]/pull s.o.'s ears* • *to give s.o. a good dressing down*

tomber dans l'oreille d'un sourd : *to fall on deaf ears*

venir aux oreilles de : *to come to s.o.'s ears*

os : *bone(s)*

donner un os à ronger : *to keep s.o. occupied* • *to give s.o. a bone to gnaw at/on*

être trempé/e jusqu'aux os : *to be soaked to the bones* • *to be soaked through/wet through*

faire de vieux os : *to make old bones* • *to live/last long*

gelé jusqu'aux os : *frozen to the bone*

glacé jusqu'aux os : *chilled to the bone*

il l'ont eu/e jusqu'à l'os : *they had him/her good and proper*

il y a un os : *there is a snag/hitch*

il/elle n'a que la peau sur les os/c'est un paquet/sac d'os : *he/she's nothing but skin and bones*

l'avoir dans l'os : *to be had*

paquet/sac d'os : *bag of bones*

ronger un os : *to gnaw at a bone*

se rompre les os : *to break one's neck*

tomber sur un os : *to hit a snag*

---

1. **to prod** : *aiguilloner, pousser à*
2. **to tweak** : *pincer*

P

---

peau : *skin*

    avoir la peau de/faire la peau à qqn : *to have s.o.'s hide[1]* • *to bump off*

    avoir la peau dure : *to have a thick skin* • *to be thick-skinned*

    avoir qqn dans la peau : *to be crazy about s.o.* • *to have s.o. under one's skin*

    avoir une peau de pêche : *to have a peach-like complexion*

    claquer sa/une peau (vomir) : *to puke/to throw up*

    coûter la peau des fesses : *to cost an arm and a leg/the earth*

    être bien dans sa peau : *to feel great* • *to be happy*

    être mal dans sa peau : *to feel awful/bad* • *to be unhappy*

    faire peau neuve : *to turn (over) a new leaf*

    glisser sur une peau de banane : *to slip on a banana skin*

    je ne voudrais pas être dans sa peau : *I would not like to be in his/her place/shoes*

    maladie de peau : *skin disease*

    n'avoir que la peau sur les os/la peau et les os : *to be all/only skin and bones*

    par la peau du dos/du cou/des fesses/du cul : *1. by the scruff of the neck 2. in the nick of time*

    peau de zob ! : *no way !*

    peau de balle ! : *no way !/nothing !*

    peau de lapin : *rabbit skin*

    peau de vache : *bastard*

    peau de zébie : *cheap stuff*

    recevoir douze balles dans la peau : *to be gunned down by a firing squad[2]* • *to be executed*

    risquer/jouer sa peau : *to risk one's hide/neck*

    sauver sa peau : *to save one's skin/hide*

    se faire trouer la peau : *to be hit by fire* • *to stop bullets* • *to serve as (a) target(s)[3]*

---

1. **hide** : (animal) *peau, dépouille*
2. **firing squad** : *peloton d'exécution*
3. **target** : *cible*

se mettre/se glisser dans la peau de (qqn) : *to put oneself in
s.o.'s shoes*

se réduire comme peau de chagrin : *to shrink[1] away*

tenir à sa peau : *to value one's life*

trouer la peau de : *to put a bullet in*

vieille peau : *old bag* • *old bastard*

vendre la peau de l'ours avant de l'avoir tué : *to count one's
chickens before they are hatched[2]*

vouloir la peau de : *to be after s.o.'s hide*

pet : *fart*

avoir un pet de travers : *to have sth wrong (with oneself)* • *to
feel out of sorts*

ça ne vaut pas un pet : *it's worth nothing* • *it isn't worth a thing*

envoyer péter : *to tell s.o. to go to hell[3]/to fuck off*

faire le pet : *to be on the watch/on the lookout*

lâcher un pet : *to fart* • *to break wind*

ne pas valoir un pet de lapin : *to be a dead loss* • *not to be
worth (GB) a penny/(US) a dime/a cent*

partir comme un pet sur une toile cirée : *to clear off* • *to split*

péter dans la soie : *to be in clover[4]* • *to live in luxury*

péter de santé/péter la forme : *to be in top health* • *to be in/on
top form*

péter le feu : *to be full of beans[5]*

péter les plombs : *to blow a fuse* • *to go off the rails* • *to go/run
wild*

péter plus haut que son derrière/son cul : *to take on more
than one can chew[6]*

se la péter : *to think one has got it all* • *to act superior*

---

1. **to shrink** : *rétrécir*
2. mot à mot : *compter ses poulets avant qu'ils ne soient éclos*
3. **hell** : *enfer*
4. **clover** : *trèfle*
5. **bean** : *fève, haricot, flageolet*
6. **to chew** : *mâcher*

pied : *foot* · (unité de mesure) *foot* (30,48 cm)

(aller) à pied : *(to go) on foot* · *to walk*

à pied d'œuvre : *ready to start/on site*

à pied sec : *on hard/dry ground*

animal sur pied (s) : *animal/cattle on the hoof*

attendre de pied ferme : *to stand ready (for)*

au pied de la lettre : *literally*

au pied levé : *at a moment's notice*

avoir bon pied bon œil : *to be hale and heart* · *to be in top form*

avoir le pied marin : *to have sea-legs*

avoir les pieds sur terre : *to have one's feet (firmly) on the ground*

avoir les pieds plats : *to be flat-footed* · *to have flat feet*

avoir un pied dans la tombe : *to have a foot in the grave*

ça lui fera les pieds : *that will teach him/her (a lesson)/(a thing or two)*

(un) casse-pieds : *(a) bore* · *nuisance* · *pain the neck/ass/arse*

casser les pieds : *to be a pain in the back/neck/arse/ass* · *to bore s.o.* · *to be a nuisance*

c'est le pied ! : *it's great !* · *it's terrific !*

chanter comme un pied : *to be a lousy/hopeless singer*

… comme un pied : *(to…) clumsily* · *in a lousy way*

coup de pied : *kick*

coup de pied au derrière/cul : *kick up the backside/in the arse/* (US) *ass*

coup de pied de l'âne : *delayed revenge*[1]

course à pied : *running* · *racing*

de la tête aux pieds : *from head to foot*

de pied en cap : *from head to foot* · *from top to toe*[2]

de pied ferme : *resolutely*

être sur le même pied/sur un pied d'égalité : *to be on an equal footing* · *on the same footing*

être sur pied de bonne heure : *to be up early*

être trempé de la tête aux pieds : *to be soaked through*

---

1. **delayed revenge** : *vengeance tardive*

2. **toe** : *orteil*

faire des pieds et des mains : *to move heaven and earth*

faire du pied (à) : *to play footsie (with)*

faire le pied de grue : *to kick one's heels*

faire un pied de nez à : *to thumb one's nose at*

frapper/taper du pied : *to stamp one's foot* • *to put one's foot down*

il y a du pied dans la chaussette : *it looks good* • *it is beginning to take shape*

il/elle ne tient pas sur ses pieds : *he/she can hardly stand up*

je n'y mets plus les pieds : *I no longer set (a) foot there*

lever le pied : *to slow down*

marche à pied : *walking*

marcher sur les pieds de qqn : *to tread on s.o.'s foot/feet*

mettre (le) pied sur : *to set foot on*

mettre à pied : *to dismiss* • *to fire;* (GB) *to sack* • (coll.) *to lay off*

mettre le pied à l'étrier : *to give a boost/a leg up*

mettre les pieds : *to set foot*

mettre les pieds dans le plat : *to put one's foot in it*

mettre pied à terre : *to dismount* • *to step down*

mettre son pied au cul (de qqn) : *to kick s.o.'s arse/*(US) *ass*

mettre sur pied : *to set up*

mettre un pied devant l'autre : *to walk straight*

partir/se lever du bon/mauvais pied : *to get off/start off on the right/wrong foot*

perdre pied : 1. *to get out of one's depth*[1] 2. *to lose one's footing*

pied-bot : *club-foot*

pieds et poings liés : *tied/bound hand and foot*

portrait en pied : *full-length portrait/picture*

prendre pied : *to gain a footing/foothold*

prendre son pied : *to get a kick out of sth* • (sexe) *to have it off*

récolte sur pied : *standing crop*

remettre sur pied : *to put back on its/his/her feet* • *to put/set on its/his/her feet again*

repartir du bon pied : *to make a fresh/new start*

se jeter aux pieds de : *to throw oneself to s.o.'s feet*

se lever du pied gauche : *to start on the wrong foot*

---

1. **depth** : *profondeur*

se tirer une balle dans le pied : *to shoot oneself in the foot*
sentir/puer des pieds : *to have (very) smelly feet*
situé au pied de : *located at the foot of*
six pieds sous terre : *six feet under/(to be) pushing up the daisies*[1]
sortir/partir les pieds devant : *to go out feet first*
sur le pied de guerre : *on a war footing*
sur un grand pied : *in great style*
s'y prendre comme un pied : *to go at it clumsily*[2]
tenir pied : *to hold one's ground*
tenir sur ses pieds : *to stand up*

pine : *dick*

tête de pine : *dickhead*

pisse : *piss*

c'est comme pisser dans un violon : *it's like pissing in the wind*
il pleut comme vache qui pisse : *it's raining cats an dogs*
je te pisse à la raie : *go get fucked*
laisser pisser : *to forget it • to let it be*
ne pas pisser loin : *not to cut the mustard*
ne plus avoir le temps de pisser : *to have no time to relax*
ne plus se sentir pisser : *to think the sun shines out of one's arse/ass • to think one's shit does not stink*
pisse d'âne : *cat's piss*
pisser : *to piss • to pee • to have a pee*

poignet : *wrist*

la veuve poignet : *Mary Fist • gherkin-jerkin*

---

1. mot à mot : *faire monter (pousser) les marguerites* ; équivalent de : *manger les pissenlits par la racine*
2. **clumsily** : *maladroitement*

poil : *hair*

Attention : *hair* = **cheveux** (collectif sing.) ; *hair* a un sing. (*hair*, **un poil** ou **un cheveu**) et un plur. (*hairs* ne signifie que **poils**).

à un poil près : *a fraction more or less*
au petit poil : *just fine • fine and dandy*
au poil : *right on*
au quart de poil : *on the button • dead on • (fits) like a glove*[1]
avoir du poil au menton : *to be out of short pants • to be an old hand*
avoir un poil dans la main : *to be work-shy • to be lazy • to be bone-idle • to be a lay-about*
avoir un poil de bon sens : *to have an ounce of common sense*
caresser dans le sens du poil : *to stroke the right way • to butter up*
de tout poil : *of all kinds/types/sorts*
être à poil : *to be stark naked • to be naked/in the buff/in the nip*
être de bon poil : *to be in a good mood*
être de mauvais poil : *to be in a bad mood/in a grouchy/ grumpy mood*
ne pas avoir de poil au menton : *to be wet behind the ears*
ne pas avoir un poil de sec : *to be soaked through • to be drenched/soaked to the skin*
ne pas avoir un poil sur le caillou : *to be as bald as an egg*
pas un poil de différence : *not the slightest difference*
pile-poil : *on the dot • on the button • dead on*
reprendre du poil de la bête : *to pick up/to regain strength*
se mettre à poil : *to undress • to strip off • to peel off*
tomber sur le poil (de qqn) : *to pitch into s.o. • to go for s.o.*

poing : *fist*

(coup de poing) américain : *knuckleduster*
arme au poing : *weapon in hand*
coup de poing : *punch*
donner des coups de poing : *to punch s.o. • to bang on sth*

---

1. *aller comme un gant*

dormir à poing fermés : *to sleep like a log[1]/a top[2]*

envoyer son poing dans la figure de : *to punch s.o. in the face*

être pieds et poings liés : *to be tied/bound hand and foot*

faire le poing dans la poche : *to manage to control oneself*

les poings sur les hanches : *(with) arms akimbo*

menacer du poing : *to shake one's fist at s.o.*

opération coup de poing : *lightning raid* • *crackdown*

serrer les poings : *to clench one's fists*

taper du poing sur la table : *to bang/thump one's fist* • *to put one's foot down*

pouce : *thumb* (attention : le *b* n'est pas prononcé)

avoir pouce : *to have a time-out*

donner un coup de pouce : *to give a leg up* • *to help along* • *to give a bit of a boost*

manger sur le pouce : *to have/take a quick snack; to have a (quick) bite*

mettre les pouces : *to knuckle under* • *to give in/up* • *to yield*

n'a pas avancé d'un pouce : *did not move forward/progress an inch*

n'a pas reculé d'un pouce : *did not move back an inch* • *did not give way*

pouce! : *stop!* • *break!* • *truce!*

se tourner/se rouler les pouces : *to twiddle one's thumbs* • *to kick one's heels*

sucer son pouce : *to suck one's thumb*

un pouce (mesure) : *an inch (2,54 cm)*

R

rate : *spleen*

se fouler la rate : *to bust a gut*

se mettre la rate au court-bouillon : *to worry to death*

---

1. **log** : *grosse bûche, billot*
2. **top** : *toupie*

rein(s) : organe : **_kidney(s)_** · muscle : **_loins_**

avoir les reins solides (entreprise, etc.) : *to have a strong back* ·
to be in a strong (financial) position

avoir/se faire un tour de reins : *to have strained one's back* · *to
strain one's back*

casser/briser les reins à qqn : *to break s.o.'s back*

ceindre ses reins/se ceindre les reins : *to gird one's loins*

la chute/le creux des reins : *the small of the back*

mal aux reins : *backache* · *pain in the small of the back*

mettre l'épée dans les reins : *to put the heat on s.o.* · *to put
pressure on s.o.* · *to put on the pressure*

se casser/se briser les reins : *to break one's back*

rotule : **_knee-cap_**

être sur les rotules : *to be dead beat/all in* · *to be/feel washed
out*

S

sexe : **_sex_**[1]

sexe des anges (discuter du) : *to discuss trivial issues*

(être une) bête de sexe : *(to be) a sex-machine* · *to be a sex-
fiend/sex-maniac* · *to be sex-crazy*

le sexe fort/faible : *the stronger/weaker sex*

sang : **_blood_** (prononcer [blʌd])

à glacer le(s) sang(s) : *blood-curdling*

avoir dans le sang : *to have (it) in one's blood*

avoir du sang de navet : *to be a wimp* · *to be gutless*

avoir du sang sur les mains : *to have blood one one's hands*

avoir le sang chaud : **1.** *to be hot-headed/short-tempered/hot-
tempered/hot-blooded* **2.** *to be sensual*

bain de sang : *bloodbath*

banque du sang : *blood bank*

---

1. À la différence du français, le mot *sex* ne désigne pas la partie du corps.

bon sang! : *goodness gracious!* • (fam.) *damn it!*

bon sang ne saurait mentir : *blood will tell* • *it runs in the blood*

de sang-froid : *in cold blood*

donner son sang : *to give one's blood* • *to donate one's blood*

donner son sang pour sa patrie : *to shed one's blood for one's country*

être en sang : *to be covered in/with blood*

faire couler le sang : *to spill blood*

faire tourner les sangs : *to shake up/to frighten*

garder son sang-froid : *to keep cool* • *to keep one's temper*

jusqu'au sang : *until it draws blood* • *till the blood comes* • *till it bleeds*

ne pas avoir de sang dans les veines : *to be a coward* • *not to have guts* • *to be gutless*

payer de son sang : *to pay with one's life*

perdre son sang-froid : *to lose one's nerves/temper*

pur-sang : *thoroughbred*

remuer les sangs : *to shake up*

saigner : *to bleed*[1]

saigner à blanc : *to bleed s.o. dry/white/to bleed to death*

saigner comme un bœuf : *to bleed profusely*

saigner du nez : *to have a nosebleed*

sang bleu : *blue blood*

sang frais : *fresh blood* • *new blood*

sang-froid : *cold blood* • *cool* • *nerve* • *self-control*

se faire du mauvais sang : *to worry* • *to fret*

se faire un sang d'encre/se ronger les sangs : *to be worried sick*

se payer une pinte de bon sang : *to have a good laugh*

se saigner aux quatre veines : *to bleed oneself dry/white*

son sang n'a fait qu'un tour : *his/her blood was up/his/her blood boiled*

son sang s'est glacé/figé dans ses veines : *his/her blood ran cold/froze (in his/her veins)*

suer sang et eau : *to sweat blood*

---

1. **to bleed, bled, bled** : *saigner*

sein(s) : *breast(s)*

au sein de : *within • in • inside*

ça me fait mal aux seins : *it makes me sick • it pisses me off*

donner le sein : *to breast-feed*

lever au sein : *to breast-feed*

porter dans son sein : **1.** *to carry in one's womb*[1] **2.** *to contain*

réchauffer un serpent dans son sein : *to nurse a viper in one's bosom*

sueur : *perspiration, sweat* (prononcer [swet])

(en) avoir des sueurs froides : *to be in a cold sweat (about); to sweat blood*

à la sueur de son front : *by the sweat of one's brow*

être en sueur : *to perspire • to be in a sweat • to be sweaty • to be bathed in sweat*

faire suer : *to bore • to be a pain in the neck/back*

ruisseler de sueur, être en nage : *to be dripping with sweat*

suer comme un bœuf/un porc : *to sweat like a bull/pig*

suer, transpirer sur qqch : *to sweat over sth*

sueur(s) froide(s) : *cold sweat*

vivre de la sueur du peuple : *to live off the backs of the people*

T

taille : *waist*

avoir de l'eau jusqu'à la taille : *to be waist-deep in water • to have water up to one's waist*

avoir la taille fine : *to have a slim waist*

avoir une taille de guêpe : *to have an hour-glass*[2] *figure*[3]*, to have a wasp-waist*

tour de taille : *waist measurement*

---

1. **womb** (prononcer [wuːm]) : *utérus, matrice*

2. **hour-glass** : *sablier*

3. **figure** : *ligne, silhouette* (jamais visage)

talon : *heel*

avoir l'estomac dans les talons : *to be starving[1]/famished*
être sur les talons de : *to be hot on s.o.'s heels/trail*
talon d'Achille : *Achilles' heel*
talonner : 1. *to be on the heels of/to be hot on the trail of s.o.*
    2. *to harass[2]* • *to pester[3]* • *to hound[4]*
tourner les talons : *to turn on one's heels*

tête : *head*

à la tête du client : *according to looks* • *depending on the person*
à tête reposée : *at (one's) leisure*
agir sur un coup de tête : *to act on an impulse*
avoir de la tête : *to have sound judgment* • *to have a head* • *to have a good memory*
avoir en tête : *to remember*
avoir la tête à (qqch) : *to have one's mind on sth*
avoir la tête de l'emploi : *to look the part*
avoir la tête dure : *to be a blockhead* • *to be thick-headed*
avoir la tête en bas : *to be upside down*
avoir la tête près du bonnet : *to be hot-tempered/short-tempered* • *to have a short fuse[5]*
avoir mal à la tête : *to have a headache*
avoir qqch en tête : *to have sth on one's mind*
avoir ses têtes : *to have one's favourites (US favorites)/pets*
avoir toute sa tête : *to be quite rational/to have all one's wits about oneself*
avoir une bonne tête : *to look good/to look decent*
avoir une sale tête : 1. *to look evil[6]* 2. *to look out of sorts*
avoir/prendre la grosse tête : *to be big-headed* • *to go on an ego-trip*

---

1. **to starve** : *mourir de faim*
2. **to harass** : *harasser*
3. **to pester** : *harceler, agacer*
4. **to hound** : *traquer* (de **hound**, *chien de chasse*)
5. **fuse** : *fusible*
6. **evil** : *mauvais, malfaisant, diabolique*

baisser la tête : *to bow one's head* • *to lower one's head*

ça lui passe au-dessus de la tête : *it's way over his/her head*

ça retombera sur sa tête : *it will fall on his/her head*

ça va lui coûter la/sa tête : *it will cost him/her life/job/post*

ça va pas, la tête? : *are you crazy (or what)?*

calcul de tête : *mental mathematic* • *mental maths*

casser la tête : 1. *to smash s.o.'s face in* 2. *to knock s.o.'s block off* 3. *to make a racket*[1] 4. *to bore stiff*[2]

c'est une tête : *he/she is a brain*

c'est une tête à claques : *his/her face asks to be smacked/invites smacking*

coup de tête : 1. *head butt* 2. *(sudden) impulse*

couper/trancher la tête : *to behead* • *to chop s.o.'s head*

de la tête aux pieds : *from head to foot*

de tête : 1. *offhand* 2. *(calcul) mentally*

des têtes vont tomber : *heads will roll/fall*

en faire une tête/faire une drôle de tête : *to pull a (funny) face*

en-tête (lettre) : *letter head*

être à la tête de (entreprise, etc.) : 1. *to head/to lead* • *to be at the head of* 2. *(fortune, etc.) to own*

être en tête : *to be in the lead*

être une tête de lard : *to be a blockhead* • *to be pig-headed* • *to be thick-headed*

faire la tête : *to sulk*[3]

faire la/sa mauvaise tête : *to be uncooperative*

faire tourner la tête : *to turn s.o.'s head*

faire un tête-à-queue : *to spin round*

faire une drôle de tête : *to pull a funny face*

faire une tête : *to pull a coy face* • *to look glum* • *(football) to strike a header*

foncer tête baissée : *to rush/go/run head first/straight into/ headlong into*

forte tête : *he/she is a rebel* • *he/she is strong-minded*

---

1. **racket** : *vacarme*
2. **stiff** : *raide*
3. **to sulk** : *bouder, faire la tête*

gagner d'une (courte) tête : *to win by a hair*

garder la tête : *to keep the lead*

garder la tête froide : *to keep one's cool*

garder la tête haute : *to keep/carry one's head high*

hocher la tête : *to nod (one's head)*

homme/femme de tête : *level-headed/capable man/woman*

il/elle a fait une sale tête : *his/her face fell*

il/elle est parti/sorti la tête haute : *he/she left with his/her head held high*

il/elle n'a plus (toute) sa tête : 1. *he/she is off his/her head/ (fam.) rocker* 2. *he/she is no longer in his/her right mind/his/her senses*

j'en ai par-dessus la tête : *I am fed up with it • I can't stand it any longer*

la tête la première : *head first*

mal de tête : *headache*

mauvaise tête : *unruly person*

mettre du plomb dans la tête de qqn : *to knock some sense into s.o./s.o.'s head*

(en) mettre sa tête à couper : *to stake[1] one's life (on)*

mettre ses biens sur la tête de : *to bequeath[2] one's property to • to settle one's property on*

mettre une tête à prix : *to place/put a price on s.o.'s head*

monter à la tête : *to go to s.o.'s head*

ne pas avoir la tête à : *not to have one's mind on sth • not to wish to do sth*

ne pas savoir où donner de la tête : *not to know which way to turn*

ne plus avoir en tête : *not to remember*

n'en faire qu'à sa tête/en faire à sa tête : *to have one's way/to go one's own way/to take nobody's advice*

où avais-je la tête ? : *what was I thinking of?*

par tête : *per head • per person*

par tête de pipe : *per head • per person*

---

1. **to stake** : (jeu) *jouer, risquer*
2. **to bequeath** : *léguer*

par-dessus la tête : *up to the eyes • over head and ears*

perdre la tête : *to lose one's head/one's self control*

(se) prendre la tête : **1.** *to take the lead* **2.** *to worry (sick) • to disturb/to drive (s.o.) nuts*

prise de tête : *hassle • headache • botheration • worriment*

relever la tête : *to lift one's head • to raise one's head*

se creuser la tête : *to rack one's brains*

se mettre en tête de faire qqch : *to put it into one's head to do sth*

se mettre martel en tête : *to work oneself up/to worry*

se mettre qqch dans la tête : *to put sth into one's head*

se monter la tête : *to get worked up*

se payer la tête de qqn : *to make fun of s.o. • to take s.o. for a ride • to pull s.o.'s leg*

secouer la tête : *to shake one's head*

signe de tête : *nod*

tenir la tête : *to be in the lead*

tenir tête (à) : *to hold one's own against s.o. • to stand up to/to confront (s.o.)*

tête-à-queue : *spin*

(en) tête-à-tête : *face to face • alone together • in private*

tête basse/baissée : *with bowed head • head down • with head bowed*

tête brûlée : *daredevil • desperado*

tête chaude : *hot head*

tête chercheuse : *homing device • (fig.) pioneer*

tête d'affiche : *top of the bill*

tête de bétail : *head of cattle* (ATTENTION : invariable : **ten head of cattle**)

tête de gondole : *end-of-aisle • end-of-aisle display*

tête de linotte : *feather-brained (person)*

tête de lit : *bed head*

tête de mort (pavillon) : *skull[1] and crossbones • Jolly Roger*

tête de nœud : *dickhead*

tête de pont : *beachhead • bridgehead*

---

1. **skull** : *crâne*

tête de Turc : *scapegoat[1] • whipping boy*

(avoir une) tête d'enterrement : *(to have a) gloomy face • to look gloomy*

tête d'œuf : *egghead*

(une) tête en l'air : *(a) dreamer*

tête la première : *head first*

tête nue : *bare-headed*

tête-bêche : *head to foot*

voiture de tête : *(rail) front carriage*

V

veine : *vein*

    avoir de la veine : *to be lucky • to have luck*

    avoir du feu dans les veines : *to have fire in one's blood*

    avoir du sang dans les veines : *to have guts*

    c'est bien ma veine ! : *(it's) just my luck !*

    de la même veine : *in the same vein*

    être en veine : *to be lucky • to be inspired*

    ne pas avoir de sang dans les veines : *to be gutless • to be a wimp*

    pas de veine ! : *bad luck ! • tough luck !*

    (se) saigner aux quatre veines : *to bleed (s.o./oneself) dry*

    son sang se glaça dans ses veines : *his/her blood ran cold/froze*

    veine de cocu(e)/de pendu(e) : *the luck of the devil*

    veine poétique : *poetic inspiration*

ventre : *stomach, belly*

    avoir du cœur au ventre : *to have guts*

    avoir du ventre : *to have a paunch*

    avoir les yeux plus grands que le ventre : *to have eyes bigger than one's belly/stomach • to bite[2] off more than one can chew[3]*

---

1. **scapegoat** : *bouc émissaire*
2. **to bite** : *mordre*
3. **to chew** : *mâcher*

...tre : *to have (a) belly-ache/ stomach-ache[1]*

avoir qqch dans le ventre : *to have guts • to have what it takes*

ça me fait mal au ventre : *it makes me sick • it pisses me off* (fam.)

dans le ventre (montre, etc.) : *inside*

être à plat ventre : *to lie face down • to lie on one's stomach/ belly/to lie prone*

il faudra me passer sur le ventre ! : *over my dead body!*

le ventre de la terre : *the bowels of the Earth*

le ventre vide : *on an empty stomach*

n'avoir rien dans le ventre : *to be gutless • to have no guts*

on ne sait jamais ce qu'il/elle a dans le ventre : *one never knows what is on his/her mind*

passer sur le ventre de qqn : *to ride roughshod over s.o. • to walk over s.o.*

prendre du ventre : *to be getting a paunch*

rentrer le/son ventre : *to pull in one's stomach*

se mettre à plat ventre devant qqn : *to grovel[2] to s.o. • to kowtow/kowtow to s.o.*

ventre à terre : *flat out • at top speed*

ventre affamé n'a pas d'oreilles : *words are wasted[3] on a starving man*

ventre mou : *soft belly • soft underbelly • (pers.) wimp*

visage : *face*

écrit sur tout son visage : *written all over his/her face*

sans visage : *faceless*

son visage s'est allongé/assombri : *his/her face fell*

---

1. prononcer ['stʌmək–eik]
2. **to grovel** : *ramper*
3. **to waste** : *dévaster, ravager, gaspiller*

Level 3
You win !

(Pocket n° 12751)

Améliorez votre vocabulaire anglais en vous amusant. Ces 45 grilles, réparties sur trois niveaux de difficultés, ont été spécialement conçues pour un public francophone afin d'enrichir son vocabulaire de manière ludique. Les mots présentés dans ces grilles sont sélectionnés parmi le vocabulaire le plus usuel et comprennent aussi des noms propres et géographiques faisant partie de la culture générale anglophone.

Il y a toujours un Pocket à découvrir

Cet ouvrage a été composé par Peter Vogelpoel et Déclinaisons

Impression réalisée par

C P I
Brodard & Taupin

53757 – La Flèche (Sarthe), le 05-08-2009
Dépôt légal : août 2009

POCKET – 12, avenue d'Italie - 75627 Paris cedex 13

Imprimé en France